机构投资者互惠行为对公司经理管理防御影响研究

李越　李秉祥　吴祖光　著

中国财经出版传媒集团
中国财政经济出版社

图书在版编目（CIP）数据

机构投资者互惠行为对公司经理管理防御影响研究／李越，李秉祥，吴祖光著．--北京：中国财政经济出版社，2023.7

ISBN 978-7-5223-2294-0

Ⅰ.①机… Ⅱ.①李… ②李… ③吴… Ⅲ.①机构投资者-影响-公司-企业管理-研究-中国 Ⅳ.①F832.51②F279.246

中国国家版本馆CIP数据核字（2023）第101762号

责任编辑：李筱文　　　　责任校对：张　凡
封面设计：卜建辰　　　　责任印制：党　辉

机构投资者互惠行为对公司经理管理防御影响研究
JIGOU TOUZIZHE HUHUI XINGWEI DUI GONGSI JINGLI GUANLI FANGYU YINGXIANG YANJIU

中国财政经济出版社 出版

URL：http：//www.cfeph.cn
E-mail：cfeph@cfeph.cn

社址：北京市海淀区阜成路甲28号　邮政编码：100142
营销中心电话：010-88191522
天猫网店：中国财政经济出版社旗舰店
网址：https：//zgczjjcbs.tmall.com
北京财经印刷厂印刷　各地新华书店经销
成品尺寸：170mm×240mm　16开　14.5印张　215 000字
2023年9月第1版　2023年9月北京第1次印刷
定价：62.00元
ISBN 978-7-5223-2294-0
（图书出现印装问题，本社负责调换，电话：010-88190548）
本社质量投诉电话：010-88190744
打击盗版举报热线：010-88191661　QQ：2242791300

本书得到陕西省教育厅专项科研计划项目“互惠机制对陕西上市公司投资效率影响研究”（21JK0236）、西安理工大学人才专题项目“互惠视角下公司融资超募与投资效率关系研究”（105－256081925）的资助。

前　言

在公司治理中，公司所有者和管理者之间的委托代理关系一直以来是学术界研究的焦点。经理在公司内部和外部压力下，会选择有利于个人利益而非公司整体利益的策略或行为来加强其职位安全性和实现自身效用最大化，即经理管理防御行为。如何有效抑制经理管理防御行为是当前亟待解决的问题。随着近年来机构投资者的发展，其市场主体地位不断攀升。机构投资者持股逐渐作为一种重要的公司治理机制，被学术界所关注。在传统理性“经济人”假设下，现有文献对于机构投资者治理作用的看法存在分歧，主要有“有效监督”观、“用脚投票”观和“合谋”观。实际上，机构投资者和经理各自的利益获取不仅取决于自身的经济行为，也取决于相互间的交互行为，他们不仅重视物质利益分配，还会权衡对方对自己的友善程度。因此，基于互惠理论，解释机构投资者对经理管理防御的治理作用，具有显著的现实意义。

基于此，本书在管理防御理论框架下，着重运用互惠理论，通过数理模型分析和实证检验，探究机构投资者对经理互惠行为的激励作用，并解释机构投资者互惠行为当中可能蕴含的“合谋”行为，为公司优化经理激励机制提供理论指导。主要研究工作体现在以下几个方面：

第一，对互惠理论、管理防御相关研究进展和机构投资者参与公司治理的有关文献进行了梳理，在对相关主要概念进行界定和解析的基础上，建立了机构投资者互惠行为对经理管理防御影响的理论模型。然后，从传统经济学和行为经济学辩证统一的角度，分析机构投资者互惠行为对经理产生激励作用的本质原因是人类与生俱来的自利性动机。同时，采用心理学的成就动机模型探讨机构投资者互惠行为发挥激励作用的内在原因，并对机构投资者参与公司治理的途径进行了总结。

第二，依据边际产出递减理论，定义机构投资者和公司经理的效用函数。在完全信息条件下，采用 DK 动态序贯互惠模型分析机构投资者和经理之间的互惠博弈过程，解释互惠动机是如何改变行为策略的。模型分析结果显示，只有在经理具有一定的互惠敏感性的情况下，机构投资者对经理的互惠行为才能有效发挥对经理的激励作用，而如果经理本身的互惠敏感性较低，无论机构投资者采取何种策略，管理防御行为都是经理理性选择的结果。即机构投资者对经理的互惠行为产生激励作用的前提是经理充分受到互惠动机的驱动。此外，如果机构投资者先行选择投机，那么经理就会实施管理防御行为以降低自身利益的损失。

第三，基于 Sahlins 对互惠类型的划分，编制中国上市公司机构投资者对被投资公司经理互惠行为的量表，并建立多元回归模型，实证检验机构投资者对经理的广义互惠行为、平衡互惠行为和负互惠行为与公司非效率投资的关系，以及机构投资者持股比例的调节作用。检验结果显示，机构投资者对经理实施广义互惠行为能够显著降低公司的非效率投资现象；而机构投资者对经理实施负互惠行为，会显著加剧公司的非效率投资现象；且机构投资者持股比例上升能够加强机构投资者互惠行为对公司非效率的影响，机构投资者互惠行为对国有企业投资效率的影响强于非国有企业。

第四，实证检验机构投资者互惠行为能否促进公司发放更多的现金股利，探讨机构投资者互惠行为中是否蕴含着“合谋”。研究发现，机构投资者广义互惠行为能够促使公司现金股利趋于合理化；机构投资者负互惠行为会对公司现金股利分配产生显著负向影响。机构投资者通过平衡互惠与经理建立的合作关系会导致双方进行“合谋”。具体地，在有着异常低派现问题的公司中，机构投资者平衡互惠行为与现金股利分配显著负相关，而随着机构投资者自身治理状况的提高，这一负相关关系减弱。

第五，对本书的研究结论进行总结，分析研究中存在的不足，并对未来可能开展的研究作出规划。

2023 年 6 月

Preface

In corporate governance, the principal – agent relationship between shareholders and managers has always been the focus of academic research. In the internal and external pressure of company, managers may choose managerial entrenchment behavior which benefits individual interests rather than the overall interests of the company, for maintaining the stability of their career and maximizing their own utility. How to effectively suppress the manager's managerial entrenchment behavior is an urgent problem. With the development of institutional investor groups in recent years, their market principal position keeps climbing. Institutional investors holding gradually becomes a kind of important corporate governance mechanism, and turned into the focus of academic discussion. Under the traditional rational "economic man" hypothesis, existing literature about the research on the influence of the governance role of institutional investors is divided. The three main ideas are "effective monitor", "voting with their feet", and "collusion", respectively. In fact, the respective interest get of institutional investors and managers depends on not only their own economic behaviors, but the mutual interactions. They not only attach great importance to the distribution of material benefits, but also weigh the friendliness others for themselves. Therefore, based on reciprocity theory, it is of great practical significance to explain the governance effect of institutional investors on managerial entrenchment.

Based on this, this paper is under the framework of managerial entrenchment theory, mainly uses the reciprocity theory to explore the incentive effect of institutional investors' reciprocal behavior on managers, and explains the "conspiracy" behavior that might be included in institutional investors' reciprocal behavior, through mathematical model analysis and empirical test. This paper provides theoretical guidance for companies to optimize manager incentive mechanism. The main research work is reflected in the following aspects.

First, this paper reviewed the related research progress of reciprocity theory, managerial entrenchment theory and institutional investors' participation in corporate governance. On the basis of defining and analyzing the related main concepts, the theoretical model of the influence of institutional investors' reciprocal behavior on managerial entrenchment was established. Then, from the perspective of dialectical unification in Classical Economics and Behavioral Economics, this paper analyzed the essential reason for the incentive effect of institutional investors' reciprocal behavior, which was human innate self-interest motive. Meanwhile, this paper explored the intrinsic reason of the motivation of reciprocity by using the model of achievement motivation in psychology, and summarized the way by which institutionalinvestors participated in corporate governance.

Second, according to the law of diminishing marginal utility, the utility function of institutional investor and company manager was defined. Under the condition of complete information, this paper analyzed the reciprocal game process between institutional investor and manager by DK dynamic sequential reciprocity model, and explained how reciprocal motivation changed behavioral strategy. Model analysis results showed that manager with a certain reciprocity sensitivity was the premise of institutional investor' reciprocity behaviors playing incentive effect. Namely, if the manager was driven by reciprocity motivation, the incentive effect of institutional investors' reciprocal behavior would work. But if the manager's own reciprocal sensitivity was low, the implementation of reciprocal behavior by institutional investor could not affect managers.

Third, based on the type division of reciprocity by Sahlins who divided reciprocal behavior into generalized reciprocal behavior, negative reciprocal behavior, and balanced reciprocal behavior, this paper developed reciprocal scale andmade a multiple regression model to investigate the relation between institutional investors' reciprocal behavior and inefficient investment of companies, as well as the regulatory role of institutional investors' shareholding ratio. The results showed that institutional investors in general reciprocity could inhibit the inefficient investment of companies. While the implementation of negative reciprocity by institutional investors would exacerbate the phenomenon of inefficiency investment of companies. And this effect in state – owned companies was stronger than that of non-state-owned companies.

Fourth, this paperexamined whether the reciprocal behavior of the institutional investors could promote more cash dividends in companies, and explored whether there was "collusion" in the reciprocal behavior of institutional investors. It had been discovered that the generalized reciprocal behavior of institutional investors could promote corporate cash dividend for rationalization. And institutional investors' negative reciprocal behavior would have a significant negative impact on corporate cash dividend distribution. Institutional investors' cooperative relationship with managers established through balanced reciprocal behavior would lead to "collusion" between the two sides. Specifically, there was a significant negative correlation between the balanced reciprocal behavior of institutional investors and cash dividend distribution in companies with abnormal low cash dividend issues, and the negative correlation was gradually weakened with the improvement of institutional investors' governance status.

Finally, this paper summarized the research conclusions, analyzed the shortcomings of the research, andplanned for future research.

June 2023

目　录

第 1 章

绪　论

1.1　研究背景和研究意义

1.1.1 研究背景

在现代公司制度的不断改革和发展过程中，经理已经处于公司治理实践的核心地位。虽然中国上市公司普遍股权相对集中，但是由于其治理环境的特殊性，不能简单地认为大股东就能够掌握公司的全部决策。事实上，国有上市公司“所有者缺位”使得经理受到的监督较少，而非国有企业内部控制制度仍不完善，使得经理有机会在公司经营管理和决策过程中牟取私人利益。所以，学者就如何强化经理对公司生产要素和股东收益的重视，展开了大量的理论和实际分析。最早期的开创性研究由 Morck、Shleifer 和 Vishny（1988）[1]做出，他们在研究公司业绩与内部人之间的联系时，发现公司托宾 Q 值会随着内部人持股比例的上升而呈现出先升后降的趋势，这显然与委托代理理论的观点相悖。于是，他们提出了管理防御理论假说。管理防御，是指经理在公司内、外部控制机制下，为维护自身职位稳定性和实现自身效用最大化而开展的经营管理活动和决策行为。国内学者李秉祥等（2007）[2]基于经理的人口学特征，采用内容分析法设计了经理管理防御指数，并发现管理防御有着逐年上升的趋势，验证了管理防御在中国上市公司的客观存在性，填补了中国上市公司经理管理防御度量上的空白。随后的一些学者开展实证研究，检验经理管理防御与上市公司财务决策的关系。黄国良（2012）[3]证实了管理防御对中国上市公司股权融资偏好的解释作用。郝艳和李秉祥（2010）[4]认为，经理出于职位安全需要，在面临两个期限长度不同的互斥项目时，可能出现投资短视或“敲竹杠”长期投资行为。李秉祥等（2007）[5]实证研究指出，我国上市公司经理经营业绩、公司规模和负债水平与现金股利分配水平显著正相关，说明经理的管理防御行为会显著影响公司的现金股利政策。

如何有效抑制经理管理防御是当前亟待解决的问题。对此，机构投资者持股也作为一种重要的公司治理机制，越来越受到决策者和学术界的关注。近几十年来，中国政府采取了一系列重要的改革措施，放开中国股票市场，鼓励机构投资者的发展，包括分别在 2002 年、2003 年和 2004 年向合格境外机构投资者（QFII）、社会保障基金和保险公司开放中国证券交易所。中国证券监督管理委员会（中国证监会）提出“将不断促进机构投资者发展作为中国资本市场的 2008 和 2020 之间的一段时期的重点发展战略”。经过一系列的市场自由化的改革，中国证券市场不断完善，机构投资者在中国的股票市场起到越来越重要的作用。已经有越来越多的机构投资者由单纯的价差逐利模式，转向积极参与公司治理，通过加强监督完善公司治理机制、提高公司经营管理效率和公司业绩，从而在公司业绩的提升中获取长期收益。然而，面对实际控制权日渐增长的经理，机构投资者能否对公司产生有效的监督和治理作用？根据现有文献，可以归纳为以下三种观点：第一，“有效监督”的观点认为，机构投资者能够凭借其卓越的管理技能和丰富的资源积极监督被投资公司的业务，减少信息不对称和经理管理防御问题。机构投资者可以利用其所有权优势向经理施压，以改善公司治理（Shleifer 和 Vishny，1986；韩晴，2014）[6][7]。机构投资者所提出的建议能促使公司改善业绩（吴先聪，2012）[8]，并且机构投资者持股能够抑制公司过度投资和改善公司盈余管理水平（李增福等，2013）[9]。第二，“用脚投票”的观点认为，机构投资者只作为被动的监督者，不干预管理层，其通过信息优势达成特殊投资组合来赚取投机性短期交易利润（David 和 Kochhar，1996；Elyasiani 和 Jia，2010）[10][11]。机构投资者通过交易他们在被投资公司的股票间接影响公司，而不重视改善公司治理和公司业绩。第三，根据“合谋”的观点，机构投资者利用分散的小股东与公司经理合作。尤其是，只要他们能够获得收益，就可能会选择忽视经理的管理防御行为。Black（1992）[12]认为，机构投资者本身也存在着治理问题，为了实现自身价值，其可能不会将被投资公司股东的利益放在首位，而是通过与公司经理“合谋”的方式赚取其他投资者的利益。由此可见，在传统经济学的理性“经济人”假设之下，关于机构投资者对经理管理防御行为的治理作用，学术界尚未达成共识。

传统经济学下的理性“经济人”假设只是一种抽象的理想状态，不能完全解释现实的经济现象。以非理性的互惠偏好假设为基础的行为经济学，是对传统经济学的继承和发展。2017年诺贝尔经济学奖颁发给美国芝加哥大学的Richard H. Thaler教授，以表彰他在行为经济学领域的贡献。Thaler认为，经济个体不是完全自利的，而是具有明显的非理性特征。经济个体的行为由两种心理所控制：一是期待立即获得满足；二是权衡现在和未来的收益。互惠理论作为行为经济学的基础理论之一，认为在现代经济社会当中，理想化的理性“经济人”是不存在的，经济个体并不是完全自私的，其经济行为并不完全是建立在自我利益最大化的心理动机之上。经济个体的行为受到复杂动机支配，不仅会受到自身利益最大化的心理动机的影响，同时也取决于其他经济个体的行为和动机（钱峻峰和蒲勇健，2011）[13]。机构投资者凭借其股权上的优势积极参与被投资公司的治理中，对经理的经营管理活动和决策执行进行监督，缓解经理管理防御给公司价值提升带来的消极影响。机构投资者这一行为的回报具有不确定性。机构投资者耗费成本并承担风险促进被投资公司股价的上涨和长期业绩的提升，是出于对获得公司股价上涨和业绩提升所带来相应的收益和更多公司内部信息资源的需要，这样的心理动机和行为过程正符合互惠理论所描述的内容，即冒险降低个体适应度实施非亲缘利他行为是基于对日后回报行为带来利益补偿的期望（Rabin，1993；张同建和蒲勇健，2010）[14][15]。因此，应用互惠理论分析机构投资者的治理作用具有显著理论价值和现实意义。行为经济学中的实验研究为互惠的存在提供了大量证据，主要探讨在互惠动机和行为下公司员工、管理者的激励问题（魏光兴和蒲勇健，2007；李双燕等，2009；师伟和蒲勇健，2013）[16][17][18]。此外，社会交换理论也肯定了互惠行为在社会人交往中的存在性（Coyle - Shapiro和Conway，2005）[19]。但是，关于机构投资者这一公司外部股东对公司内部经理实施互惠行为的经济效果缺乏研究，致使人们对机构投资者治理作用的研究仍局限在对公司股权结构和治理结构的讨论上。而且，大多数关于互惠行为的研究忽略了互惠博弈当中参与者的友善度会被不断的重新估计这一动态特征。

基于此，本书首先在对相关理论和文献进行梳理的基础上，阐明自利动机与互惠动机的天然统一，分析机构投资者互惠行为能够发挥激励作用的经济学动因。并借助 Atkinson 期望价值成就动机模型，解释机构投资者互惠行为影响经理行为选择的内在原因。其次，借鉴 Dufwenberg 和 Kirchsteiger 的序贯博弈模型，为机构投资者和经理植入互惠偏好，分析机构投资者和经理之间的互惠博弈过程和影响因素，揭示二阶信念之下双方的互惠动机、互惠行为对彼此策略选择和分配结果的影响。最后，构建互惠量表并建立回归模型，实证检验机构投资者的广义互惠、平衡互惠和负互惠行为对公司非效率投资和现金股利分配水平的影响，并进一步分析平衡互惠行为当中可能蕴含的"合谋"问题，以及在国有上市公司和非国有上市公司当中机构投资者互惠行为对经理管理防御影响作用的差异。本书的研究有助于促进行为经济学和公司治理理论地交叉融合，为优化公司激励约束机制提供有效的经验证据和先进的理论研究范式。

1.1.2 研究意义

本书基于互惠偏好假说分析机构投资者互惠行为对经理管理防御的影响，采用 DK 动态序贯互惠模型分析机构投资者与经理的动态博弈过程，并构建互惠量表对机构投资者的互惠行为进行计量，实证检验其对公司非效率投资和现金股利分配水平的影响。本书的研究不仅具有学术上的前沿性，能够推动互惠理论、管理防御理论和机构投资者治理相关理论研究地发展，还能够为公司完善经理激励约束机制提供理论借鉴和实践指导。

（1）理论意义

正如实验经济学家 Fischbacher 等（2001）[20] 所指出的一样，传统经济学假定经济个体的行为仅受到物质收益的驱动，而无关经济个体的社会偏好。行为经济学将现实经济运行规律与行为科学理论、经济科学和心理学有机结合起来，从而修正了传统经济学关于经济个体的理性、自利、效用最大化及完全信息等基本假设和理论前提的不足。互惠理论作为行为经济学当中的基础理论之一，近年来越来越多地被应用于公司委托代理问题、员工激励机制设计等交叉学科地研究中。传统经济学和行为经济学在应用过程中对经济个体的心理偏好假设有所不同。传统经济学假定经济个体仅在纯粹自利性偏好地驱动下，追求个人利益最大化，而行为经济学不仅认同经济个体的自利偏好，还指出经济个体具有利他偏好。基于传统经济学下的理性“经济人”假设，利用纯粹的自利性偏好难以解释关于机构投资者治理作用所产生的研究分歧，进而难以认识机构投资者持股对于降低经理管理防御的实质。众多行为经济学的实验研究证实，经济个体的互惠偏好确实存在，也已有较少的研究实证检验了互惠对现实世界经济结果的影响程度。因此，本书旨在探讨这样一个问题：经理是否愿意信任机构投资者，并通过调整管理防御策略对机构投资者的互惠行为进行积极或消极地回应。

基于此，本书以互惠理论为前提，应用DK序贯互惠模型，揭示机构投资者互惠行为对经理产生激励作用的逻辑关系，并且在Wu等(2006)[21]所设计的互惠量表的基础上，建立能够反映和衡量机构投资者对被投资公司经理互惠行为特征和互惠程度的量表。实证检验机构投资者互惠行为对经理管理防御的激励作用。本书的研究有助于推动行为经济学与公司治理理论交叉学科的融合。不仅对管理防御理论自身假设条件和理论体系进行了完善，也弥补了关于机构投资者互惠行为方面研究的不足，拓展了对机构投资者治理作用的研究范围。

(2) 现实意义

随着机构投资者对被投资公司的治理作用被广泛认可和重视，学者关于机构投资者持股影响经理管理防御展开了大量研究。但是，由于这些研究均是以传统经济学的理性“经济人”假设为前提，研究结论的分歧难以获得统一，研究陷入了瓶颈。事实上，机构投资者治理动机和行为过程恰好符合互惠理论所描述的“非亲缘利他行为”的规律特点，互惠理论对于解释机构投资者对经理的激励作用有着显著的现实意义。并且，在我国建立和维护关系是公司治理实践的一个重要组成部分，对商业成功至关重要。鉴于此，本书除了考虑机构投资者和经理的自利性偏好，也将互惠偏好纳入分析，使研究结论更加贴近现实情况，有助于更全面地解释机构投资者对经理产生激励作用的原因和结果。此外，在衡量机构投资者对经理的互惠行为时，按照受惠者经理的自身感受，将机构投资者的互惠行为划分为广义互惠、平衡互惠和负互惠三类，避免由于互惠心理偏好的复杂性使得研究结果出现较大误差。同时，考虑到从公司治理的角度来看，互惠合作是一把“双刃剑”，既能够促进商业计划的执行，也可能诱导被动投资者的参与。所以，结合现实中机构投资者和经理之间可能存在的“合谋”现象，探讨机构投资者对经理实施互惠行为是否会引发他们之间的勾结。本书的研究深化了对机构投资者影响管理防御的理解，为公司完善经理激励约束机制、降低管理防御和推动机构投资者积极参与公司治理提供了更先进的理论借鉴和实践指导。

1.2 研究思路和研究内容

本书将行为经济学与公司治理理论融合，以降低经理管理防御为目标，探讨机构投资者互惠行为对管理防御的影响。首先，本书以传统经济学的理性“经济人”假设为出发点，分析互惠偏好产生的原因，并结合经理作为高级管理人才具有成就动机这一特点，采用成就动机模型分析机构投资者互惠行为对经理产生激励作用的内在原因。其次，考虑到互惠博弈过程中参与者的高阶信念，采用 DK 动态序贯互惠模型分析机构投资者和经理之间的互惠博弈过程，解释二阶信念的影响之下互惠动机是如何改变行为策略的。再次，实证检验机构投资者广义互惠、平衡互惠和负互惠对公司非效率投资的影响，探讨机构投资者持股的调节效应，以及公司所有权特征对机构投资者互惠行为激励作用的影响。最后，实证检验机构投资者互惠行为对公司现金股利分配的影响，在验证前文研究结论的同时，在互惠偏好假说下分析机构投资者与经理之间的“合谋”问题。围绕以上思想，本书主要内容安排如下：

第1章，绪论。简要概述本书的整体研究内容。首先介绍本书研究背景，并分别从理论和实际需要两个角度指出研究问题的重要性，阐明本书的理论意义和现实意义。其次，结合研究目标，叙述本书的研究思路、研究内容和研究方法。最后，指出本书的研究创新之处。

第2章，文献综述。回顾互惠理论、管理防御相关研究进展和机构投资者参与公司治理的相关文献。首先，在梳理国内外学者相关研究文献的基础上，重点总结互惠的起源、发展和互惠理论在公司治理方面应用的研究成果。其次，总结管理防御的起源、表现形式和公司激励约束机制对管理防御影响的相关文献。再次，回顾机构投资者参与公司治理的相关文献，分类现有文献，归纳出现有的关于机构投资者治理作用的三种分歧的观点。最后对文献进行评价，总结目前文献存在的不足和研究空间。

第3章，机构投资者互惠行为激励作用的理论分析。在第2章文献梳理的基础上，系统分析机构投资者互惠行为发挥激励作用的理论原理。首先，分析参与者对信念的判断在互惠博弈当中的重要性，进而解释机构投资者和经理基于信念判断的互惠关系。其次，基于Sahlins对互惠的分类，解释机构投资者互惠行为的具体表现形式，及其对经理决策选择的影响。再次，从理性“经济人”假设出发，探讨人类自利本性的客观存在性，以及自利动机与互惠动机的天然统一，基于此阐释机构投资者互惠行为发挥激励作用的经济学原因。然后，借助成就动机模型，从公司投资、融资和股利分配三方面分析机构投资者互惠行为影响经理决策选择的心理学原因。最后，总结机构投资者对公司经理开展互惠行为的影响因素和主要途径。

第4章，机构投资者和经理动态序贯互惠博弈分析。本章采用博弈分析方法解释机构投资者和经理之间互惠行为的激励作用，为后续章节的实证研究提供理论支持。具体地，依据边际产出递减理论，定义机构投资者和公司经理的效用函数，并且在完全信息条件下，采用DK动态序贯互惠模型分析机构投资者和经理的互惠动机是如何改变行为策略的，以及互惠均衡的影响因素。

第5章，机构投资者互惠行为对公司非效率投资影响的实证检验。本章首先基于Sahlins对互惠类型的划分，构建能够衡量机构投资者对被投资公司经理互惠行为的特征和程度的量表，并对量表的信度和效度进行验证。其次，从管理防御角度，探讨机构投资者对经理的广义互惠、平衡互惠和负互惠行为对公司非效率投资的影响，以及机构投资者持股的调节作用，并检验在国有上市公司和非国有上市公司当中机构投资者互惠行为对经理激励作用的差异。

第6章，机构投资者互惠行为对公司现金股利影响的实证检验。本章按照前一章对机构投资者互惠的变量衡量方法，进一步检验机构投资者互惠行为是否能够促使公司发放更多的现金股利。并分别选取存在异常高派现和异常低派现问题的公司样本，分析机构投资者互惠行为能否降低公司的异常派现的现象，以及机构投资者平衡互惠行为当中可能蕴含的“合谋”问题。

第7章，研究结论与展望。本章是对本书内容的总结和提炼，归纳研究结论并指出本书的研究结论对公司治理和改革的启示意义。同时，阐述本书研究当中可能存在的不足，并提出未来进一步的研究方向。

1.3 研究方法和技术路线

本书将理论分析、数理模型分析等规范研究方法和实证研究方法相结合，探索机构投资者对经理的互惠行为与经理管理防御之间的关系。

（1）运用规范研究方法对互惠理论、管理防御理论和机构投资者参与公司治理的相关文献进行梳理和重构，厘清各变量的理论逻辑关系，系统提炼出相关实证检验的理论假设，为理解本书主旨和相关实证研究建立基础。同时，本书将采用规范研究方法来解释实证检验的结果，归纳本书的研究结论，提出相关政策建议，并探讨今后的研究方向。

（2）在理论分析的基础上，采用数理模型分析方法解释机构投资者和经理的互惠博弈过程和结果，探究机构投资者和经理互惠行为的影响因素和后果。首先，本书根据边际产出递减理论，定义机构投资者和公司经理的效用函数。其次，在完全信息条件下，对 DK 动态序贯互惠模型进行数理推导，并求得模型的均衡解。最后，通过规范分析方法解释影响模型均衡解的各经济变量，指出降低经理管理防御的可行办法，为公司完善经理激励约束机制提供理论指导。

（3）运用实证研究方法分析机构投资者互惠行为对经理管理防御的影响，并验证 DK 动态序贯互惠模型均衡解的有效性。本书利用多元线性回归、两阶段最小二乘法等方法探讨以下几个方面的规律：①用多元线性回归模型分析反映管理防御程度的变量（包括公司投资效率和现金股利分配水平）和机构投资者互惠行为的关系规律，并检验机构投资者持股和机构投资者自身治理状况的调节作用，分析机构投资者互惠行为是否会引发双方的合谋。②用两阶段最小二乘法检验本书所建立的实证模型是否存在内生性问题。在数据资料收集方面以调查问卷和公司的公开数据为主，辅之以政府、组织出版物和网络资源。数据处理通过 SPSS、EXCEL 等统计软件实现。

本书的整体研究框架如图 1－1 所示。

1.4 研究创新点

本书旨在探究我国上市公司机构投资者对经理的互惠行为能否抑制经理管理防御，研究特色在于将行为经济学与公司治理理论交叉融合，将理论研究与应用研究并重、规范研究和实证研究结合，不仅注重学术研究的普适性与严谨性，而且突出应用的现实性与可行性，其创新之处体现在：

（1）采用博弈分析方法解释机构投资者和经理之间互惠行为的激励作用。按照边际产出递减理论构建机构投资者和经理的收益函数，进而在完

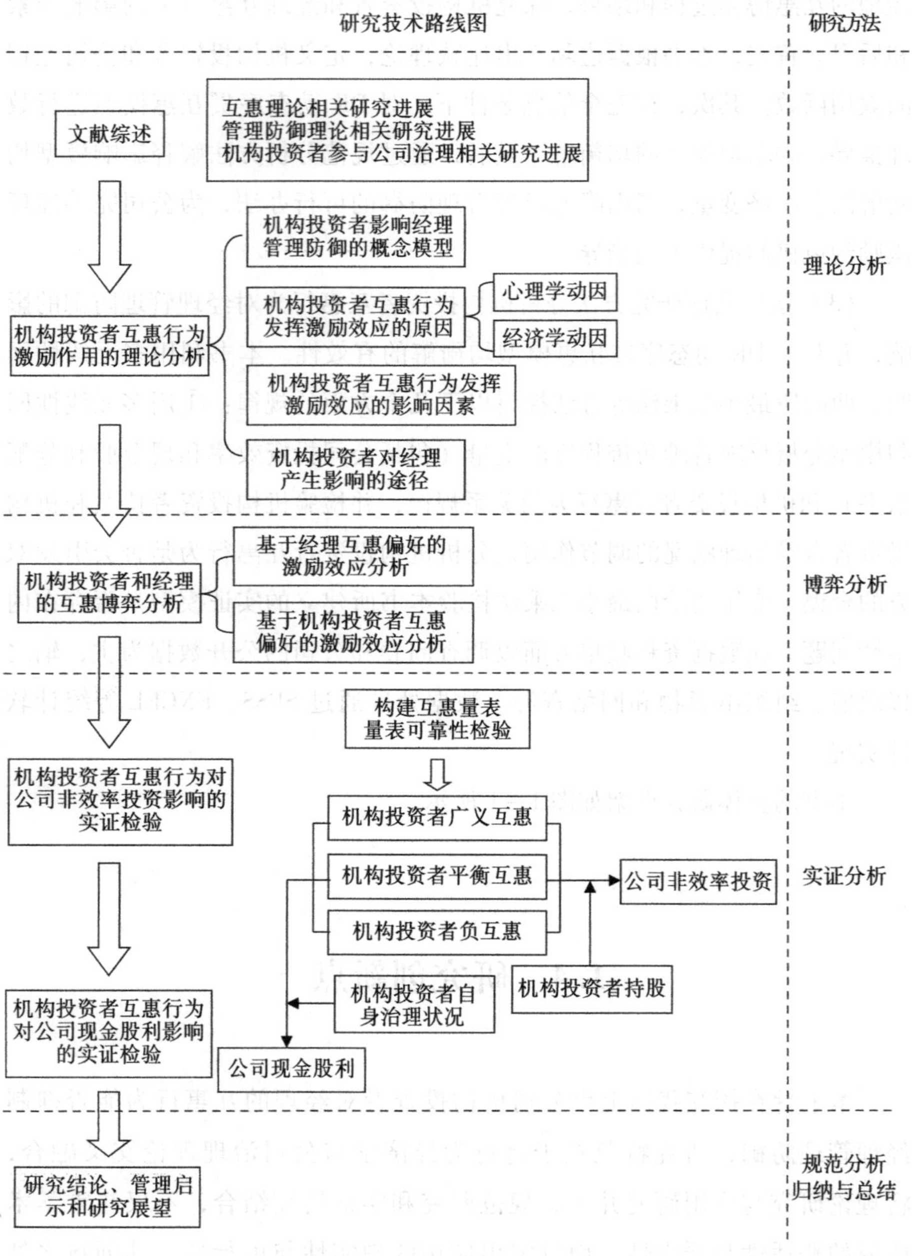

图1-1 本书的主体研究框架

全信息条件下运用DK动态序贯互惠模型证实博弈当中参与者的互惠动机能够影响或改变行为策略的事实，揭示互惠行为发挥激励作用是源自对善意信念的判断。同时，通过对均衡下各参数的分析，发现互惠行为的内在激励作用会对其他激励机制的激励效果产生影响。该模型从动态角度分析机构投资者和经理之间互惠行为的真正含义，展示出互惠行为的重要意义，具有一定的创新性。

（2）依据 Sahlins 对互惠类型的划分，设计互惠量表并建立多元线性回归模型，分别验证机构投资者对经理的广义互惠行为、平衡互惠行为和负互惠行为对经理管理防御的影响。过度投资、投资短视和多元化投资等非效率投资行为是经理开展管理防御的重要渠道。因此，本书以公司非效率投资作为反映经理管理防御的变量之一，通过将行为经济学的互惠偏好与机构投资者治理行为相结合，揭示机构投资者互惠行为对经理管理防御的影响，以及机构投资者持股比例的调节效应。采用公司的所有权性质分组研究样本，在分组样本下对机构投资者互惠行为激励作用进行探讨。同时，本书所构建的中国上市公司机构投资者互惠量表取得了较高的信度和效度，不仅有助于深入理解机构投资者互惠行为特征，还具有一定的普适性。本书是认识机构投资者互惠行为激励作用，优化中国上市公司激励约束机制的重要理论借鉴。

（3）实证分析机构投资者和经理的互惠行为当中是否包含“合谋”，及其对经理管理防御的影响。机构投资者和上市公司经理所建立的互惠互利关系，一方面能够强化机构投资者对公司治理的参与程度和监督力度；另一方面可能会引起机构投资者和经理之间的勾结。因此，本书以公司现金股利作为反映经理管理防御的另一变量，实证检验机构投资者广义互惠、平衡互惠和负互惠行为对公司现金股利分配的影响，并结合机构投资者自身治理状况，分析平衡互惠与现金股利的关系，探讨平衡互惠对公司现金股利分配的影响是源自机构投资者对经理的激励，还是双方“合谋”的结果。这在验证前文研究结论的同时，也为认识机构投资者互惠行为的双面性提供了一个全新的理论研究视角。

1.5 本章小结

本章简要概述了本书的整体研究内容。首先，通过梳理本书的理论背景和现实背景，凝练出本书的研究主题，阐明了本书的理论意义和现实意义。其次，结合研究目标，介绍了本书的研究思路、内容和主要研究方法，并绘制了研究的技术路线，用以说明研究步骤和研究方法相关环节的逻辑关系。最后，指出了本书的创新之处。

第 2 章

文献综述

针对本书的研究内容，本章将梳理互惠理论的起源和应用相关文献、管理防御相关研究进展和机构投资者参与公司治理的相关研究成果。首先，梳理国内外关于互惠理论的现有研究文献，简要回顾互惠理论的起源、发展，归纳互惠的概念和衡量方法，并回顾互惠理论在公司治理方面应用的相关文献；其次，从管理防御理论的起源、表现形式及公司治理机制对管理防御的影响三方面回顾相关的现有文献；再次，界定机构投资者的概念，并梳理机构投资者参与公司治理的相关文献；最后，在上述文献分析的基础上，总结现有文献的不足，为本书后续的研究提供文献支持。

2.1 互惠理论相关研究进展

2.1.1 互惠理论的起源与发展

互惠偏好假说是行为经济学当中重要的基础性理论假说之一，对传统经济学的理性“经济人”假设提出了强烈的挑战，有效地促进了行为经济学的发展。对互惠偏好的研究最早源于生物学，在动物和人类社会中，合作是无处不在的。互惠动机的产生源于动物和人类繁衍过程中先天性存在的对环境不确定因素的恐惧和担忧，这些不确定因素包括对他人的不信任、对自然灾害的降临或者对手袭击等的担心，这些因素促使动物和人类产生出一种安全心理追求。早期，Hamilton（1963）提出了亲缘选择理论，指出愿意进行亲缘利他的生物个体在生存竞争中具有维持个体存续和种族繁衍的明显进化优势。所以，亲缘利他行为在生物世界乃至人类社会都是一种维护稳定和维持发展的普遍行为方式。但是，亲缘利他理论仅在解释具有血缘关系的生物个体或群体之间的利他行为具有理论意义，但无法解释个体和群体之间的非亲缘利他行为。人类学家通过对一系列动物种系的观察和研究，发现在一些动物种群中存在非亲缘互惠利他模式。例如，吸血蝙蝠会反刍血液，以满足饥肠辘辘的同伴的需要；麝牛在群体中为幼崽抵御狼的攻击（Wilkinson 和 Shank，1977）[22]，但这种行为模式遵循着一个严格的游戏规则，即这种非亲缘利他行为仅存在于知恩图报的个体之间。也就是说，生物个体之所以冒险降低自身的生存安全性和生存竞争力去帮助一个与己毫无血缘关系的同伴或幼崽，是出于他们对对方日后给予更多回报的期望。然而，这些观察与达尔文选择的原则并不一致，达尔文预测任何给他人带来利益的行为都会很快消失。

为了解决古典达尔文理论面临的利他主义难题，哈佛大学生物学家 Robert Trivers 教授提出了互惠利他理论。1981 年，密歇根大学政策科学家 Robert Axelrod 与 William Hamilton 合作进一步发展了这一理论（Axelrod 和 Hamilton，1981）[23]。互惠利他理论的基本思想是：如果施恩者在今后得到了来自受惠者的回报，就会在具有利益关联的理性个体之间产生合作。2001 年，美国经济学联合会将该学会的最高奖——两年一度的“克拉克奖（Clark Medal）”颁给了美国著名行为经济学家 Rabin Matthew 教授，以表彰其对行为经济学基础理论的发展所作出的开创性贡献。Rabin（1993）[14] 将互惠利他偏好成功地引入行为经济学的研究框架当中，为行为经济学基础理论的发展提供了强大的推动力。根据 Rabin 的研究，互惠是指“当他人对己施以善意的时候也回报善意，即投桃报李；而当他人对己报以恶意的时候也用恶意作为回应，即以牙还牙”。其中，Rabin 将前一种互惠行为称之为正互惠，而将后一种互惠定义为负互惠。具体地，Rabin 指出，经济个体的互惠动机可以通过以下三种社会行为来反映：一是人们愿意降低自己的收益来帮助那些对己施以过善意行为的人。二是人们愿意降低自己的收益去惩罚那些对己行使过恶意行为的人。三是在降低自我收益的幅度相对较小，且对他人收益地改善相对较大的时候，以上两种心理对人们行为的影响作用更大。Rabin 认为，互惠不是纯粹的利他，而是一种基于回报的利他行为。互惠理论假定经济个体在追求个人利益的同时也受到他人利益的制约，突出自我利益与他人利益、群体利益的交换和统一。人们一方面重视物质收益；另一方面还会关注互惠心理收益。当人们以善意回报善意，以不善回应不善的时候，互惠心理收益就会增加。随后，Rabin 教授基于 Geanakoplos、Pearce 和 Staechetti（1989）[24]所建立的心理博弈框架，建立了包含互惠利他偏好的心理博弈模型来阐述他的互惠思想。在互惠博弈当中，参与者的收益函数是物质收益和互惠心理收益的集合，参与者需要对两者进行权衡。他发现了有别于传统互惠博弈模型当中理性均衡的互惠均衡，从而确立了互惠理论在行为经济学当中的基础理论地位。

传统经济学假设人是自私的，人们只关心自己的物质收益。这是一种抽象的理想状态，不能对现实的经济现象作出合理的解释。然而在实践中显示，经济个体具有公平和互惠动机，其在追求自身利益最大化的同时也会一定程度兼顾他人的利益。公平、互惠在个人和集体的决策过程当中，起着至关重要的作用。许多基于不同博弈的实验研究都发现与互惠行为相一致的证据。这些实验中的大多数参与者表现出了对信任、积极和消极互惠的意愿，尽管这些决定都是有风险和代价的。例如，在礼物交换的实验中，先行者以先发一个大礼物，且获得了来自跟随者的提高的回报（Fehr 等，1993）[25]。在投资博弈的实验中，信任行为没有被利用，大多数应答者在收到来自提出者的积极信息后提供了积极的回报（Berg 等，2000）[26]。在最后通牒式的讨价还价实验中，提出者通常提供与应答者平等的分配，而拒绝吝啬（Thaler，1988）[27]；不公平的报价会被应答者拒绝（Güth 等，1982）[28]。同样，Dawes 和 Thaler（1988）[29]发现在公共产品博弈的实验中，参与者会作出积极的贡献，虽然从理论角度分析他们不应该这样做。所有这些证据都表明，人们并非仅依靠物质收益，还会考虑互惠利他、公平等因素的作用。因此，实验经济学家指出，利己主义的普通效用模型只寻求个人物质利益最大化，这并不能准确描述人们的行为。

在关于互惠的理论研究上，学者基于互惠思想对基本的效用函数进行修正，即在效用函数中引入互惠利他因素，将他人收益的增加纳入互惠施恩者本身的收益函数中。最早采用博弈理论对互惠思想进行描述是 Rabin（1993）[14]。为了将互惠这一事实理论化，Rabin 首次明确将博弈当中每个参与者对待其他参与者的“善意”和每个参与者所感受到的“善意”模型化。他在借鉴了 Geanakoplos 等（1989）[24]的心理博弈框架的基础上，结合模型当中每个参与者的物质收益、所付出的善意行为和期待获得的来自其他参与者的善意建立了互惠心理博弈的收益函数，进而构建了包含有公平和互惠偏好的“互惠均衡模型”。他认为，在博弈中参与者的收益直接依赖于参与者的信念。Fehr 等（1998）[30]同样结合心理学将互惠偏好引入博弈分析当中，但他们对博弈中收益函数的建立不同于 Rabin。Fehr 等是以参与者之间所获收益的差异程度来衡量“善意”和“恶意”的。Fehr 和 Schmidt（1999）[31]考虑到人们的自利性特征和追求公平的动机，建立了一个“避免不公平”的收益函数，并在劳动力市场开展的一系列的实验研究对理论思想进行了验证。Bolton 等（2000）[32]认为参与者不仅重视绝对收益，还关心自己所获得的相对收益，并基于这样的思想提出了名为“平等互惠竞争”的收益函数，通过独裁者实验检验了收益函数的合理性。Fischbacher 等（2001）[20]考虑到参与人的行为背后的意图与该行为本身构成的结果同样重要，因而将模型收益函数的自变量范围进行扩展，突出参与者对他人收益和行动意图的关注。综上所述，在互惠偏好模型研究中，一种是强调行为结果的重要性，如 Fehr 等、Bolton 等的研究，而另一种则重点强调意图的重要性，如 Rabin、Fischbacher 的研究。

Rabin（1993）[14]令人信服地指出，当个人的动机是基于互惠考虑，意图发挥了至关重要的作用。当一个人善待对他好的人，对不友善的人也不友善，他必须能对自己以及他人行动的善意（或恶意）作出评价。要做到这一点，他必须考虑对方行动的意图，如博弈 Γ1（见图 2－1）。

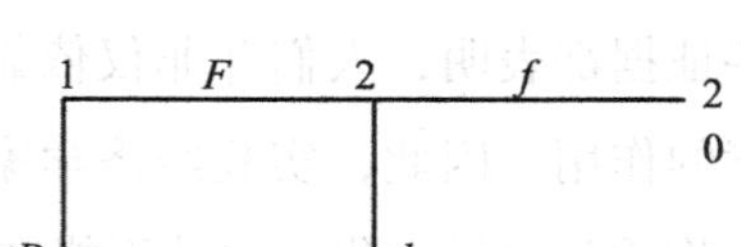

图 2－1　博弈 Γ1

F 是一种不友好的行为吗？显然，这取决于参与者 1 认为参与者 2 会怎样做。假设参与者 1 相信参与者 2 会选择 d，那么参与者 1 选择 F 是打算给予参与者 2 的 2 的回报，而如果选择了 D，参与者 2 最多只能得到 1

的回报。因此可以得出结论，参与者1选择F是友善的表现。然而，通过类似的论点，假设参与者1相信参与者2会选择f，那么参与者1选择F是打算给予参与者2的0的回报，将得出结论，如果参与者1选择F，那么参与者1是不友善的。这个例子不仅表明了意图在建立互惠模型时是至关重要的，还表明，意图取决于参与者本身。此外，参与者的善良也取决于他拥有的可能性。改变博弈规则，使参与者1的策略集只包含F，即参与者1必须选择F。那么，博弈中参与者1做出F的选择当然是既不存在善意，也不存在恶意。因为这是参与者1能做的唯一的选择。因此，必须明确考虑参与者策略选择的可能性和策略选择的意图。

这就是Rabin所做的，他假设两个参与者在博弈中除了基本的物质收益外也有互惠心理收益。互惠心理收益取决于参与者的意图，而意图又取决于信念。鉴于参与者i对另一位参与者j的策略选择的信念，在某种程度上i认为他给了j（相对）高的物质回报。从这个意义上说，i的善意取决于他打算给j的回报，相比之下，用i认为有可能给到j的意图和可能性定义行动的善意。同样地，i相信j的行为取决于j对i信念的信念，因为j的善意取决于j的信念。然后，Rabin把心理上的回报看作是对互惠的关注，如果i相信j对他好，i就会对j友善一点。请注意，由于该模型涉及信念依赖的动机，效用函数必须定义在一个比只依赖于行动的标准博弈论更丰富的范畴的回报。由Geanakoplos等（1989）[24]建立的心理博弈的理论框架，为Rabin提供了一个可采用的适当工具。Geanakoplos等的研究显示，使用标准博弈理论建立互惠博弈模型是不可行的，因为在互惠博弈模型当中，意图是重要的。基于不同的意图，互惠博弈模型将导致不同的结果，意图和信念之间会影响到博弈双方的收益。因此，Rabin在Geanakoplos等的心理博弈框架的基础上，建立了一个包含互惠偏好的博弈理论体系，通过引入互惠心理收益函数来修正传统博弈模型的收益函数，从而发现除传统博弈论中已知道的纳什均衡之外，还存在着许多合作性均衡。这一开创性研究对现实经济世界中的互惠利他行为、合作行为的解释是强有力的。Rabin的模型为互惠理论的研究开辟了新的研究方向。

然而，Rabin的模型的一个重要局限在于它没有考虑到策略选择的动态结构，不适用那些具有动态结构的情况中。Dufwenberg 和 Kirchsteiger (2004)[33]考虑了动态博弈过程中，友善度将会被重新估计，也就是存在所谓的高阶信念（Higher Order Beliefs）。他们将 Rabin 的分析框架延伸到扩展型博弈中，考虑到在进入新的子博弈时，策略选择和互惠动机是如何变化的，并将策略选择强加于所有阶段的最佳反应。与 Rabin 的模型比较，Dufwenberg 和 Kirchsteiger 的模型更多专注于对互惠动机的关注。Dhaene 和 Bouckaert（2010）[34]基于一个小型的最后通牒博弈和一个连续的囚徒困境，设计了实验对 Dufwenberg 和 Kirchsteiger 的（2004）[33]的序贯互惠模型进行了检验。实验结果表明，Dufwenberg 和 Kirchsteiger 的序贯互惠模型能够完全解释跟随者的行为和 80% 的先行者的行为，因而再一次证实了互惠动机是影响参与者行为选择的主要因素之一。钱峻峰和蒲勇健（2011）[13]借鉴 Dufwenberg 和 Kirchsteiger 的思路，构建考虑公司员工的互惠心理效用的效用函数，研究管理者与员工纵向信任行为的问题时指出，在序贯互惠博弈下，员工选择实施的互惠行为是对管理者行为的反馈，同时与员工自身的互惠动机密切相关。

2.1.2 互惠的概念与衡量

2.1.2.1 互惠的概念与分类

早期 Hamilton（1964）在研究生物世界的利他行为时定义互惠行为是它能提高行动者和接受者的适应度，仅强调行为的结果。Rabin（1993）[14]对互惠的概念给予了明确的规定，他把互惠定义为“当他人对己施以善意的时候也回报善意，当他人对己报以恶意的时候也用恶意作为回应”。并且他对这一概念之中涉及的“善意”也作出明确的界定，即如果个体在损失自身收益的情况下去增进他人的利益，就被定为对他人友善；而如果个体在损失自身收益的情况下去损害他人的利益，就被定义为对他人不友善。Rabin 认为，经济个体的互惠动机可以通过以下三种社会行为来反映：一是人们愿意降低自己的收益来帮助那些对己施以过善意行为的人。二是人们愿意降低自己的收益去惩罚那些对己行使过恶意行为的人。三是在降低自我收益的幅度相对较小，且对他人收益的改善相对较大的时候，以上两种心理对人们行为的影响作用更大。

Chan（2010）[35]分析了一种被称为“强互惠”（strong reciprocity）的行为。强互惠理论认为，人们的行为可以超越“自利”，为了维护公平和正义不吝惜付出代价。在强互惠合作者的努力下，人类社会才得以维持和谐稳定合作秩序。然而，强互惠者不仅是有条件的利他合作者，同时也是有条件的利他惩罚者，他的合作行为或惩罚行为在损失相应成本的同时，会为群体当中其他成员带来生存环境的改善，即强互惠行为具有正的外部性。只要满足了以下两个条件之一，个体就可以被定义为强互惠者：第一，如果个体愿意牺牲自己的福利以便奖励群体当中表现出友善的人。第二，如果个体愿意牺牲自己的福利以便惩罚群体当中不友善的人。强互惠比一般性互惠具有更明显的利他性质，与利己主义相对立。

Trivers（1971）[36]基于两个人之间的直接信任关系，定义“直接互惠”，即受信任的代理方直接回报委托方的善意行动就是所谓的“直接互惠”行为。而代理方在获得委托方施以的恩惠后，还利于委托方以外的第三方，这一行为被定义为“间接互惠”。间接互惠在中国的社会交往中普遍存在，刘军（2007）[37]举了一个鲜明的例子来反映中国人情社会中的间接互惠现象：“甲和乙是朋友关系，乙多次帮助甲，甲想报答乙，于是逢年过节总是拿着礼物去看望乙的父母，就算是回报了乙”，这个生动的例子将中国人交往当中的间接互惠关系做了很好的诠释，也反映了互惠在中国人际交往中的重要性。间接互惠机制能够令信任、互惠和回报在更广阔的范围流动，这在非个人化匿名交往日益频繁、全球化进程日益加快的今天更加重要。

Sahlins（1972）[38]运用礼物交换实验中反映出的互惠思想阐述了互惠交换的过程和“交换规则”，他定义了三种交换，即广义交换、平衡交换和负交换。在这三种交换的基础上，提炼出互惠的概念，定义广义互惠行为指的是互惠个体以降低自身福利状况为代价利他的行为，无论他人是否能带来回报。广义互惠被理解为无私的利他行为方式。刘军（2007）[37]在Sahlins研究的基础上，进一步对广义互惠的概念进行了界定。他指出，广义互惠是要素的单向流动，是无需回礼的馈赠。大多情况下是由高级种姓向低级种姓传递要素，如印度的檀施。但也存在着要素自下而上地流动，如中国的晚辈向长辈尽孝。平衡互惠行为指的是互惠个体为了将来能获得来自他人的回报，降低自身福利状况而利他的行为。平衡互惠注重互惠个体对自身和他人利益的共同关注，展示出的是共赢精神。负互惠行为指互惠个体在行动时高度关注他人所给予的回报，而忽视自身能否为改善他人的福利状况付出努力。负互惠体现个体受到自利性动机驱使。值得注意的是，不能简单地将负互惠理解为广义互惠的对立面。Sahlins 的分类涉及互惠双方不同的心理授权、感情承诺和信任，标志着一个重要的理论进步。

上述概念的本质相同，互惠不是纯粹的单方奉献，而是一种考虑到今后回报的有条件的利他行为。本书以 Rabin 对互惠的定义为基础，分析机构投资者和经理之间的互惠博弈过程，解释机构投资者互惠行为是怎样改变经理的行为策略的。并且，结合 Sahlins 对互惠类型的划分，编制互惠量表并建立回归模型，实证检验机构投资者广义互惠、平衡互惠和负互惠行为与经理管理防御的关系。

2.1.2.2　互惠的衡量

在有效的互惠合作关系当中，缔结着互惠关系的合作双方所实施的行为能够被观察和证实（Marco 和 Immordino，2013）[39]。Sahlins（1972）[38]的互惠类型学有助于学者通过考虑交换动机、交换资源的即时性和等价性来探索个体、组织关系背后的互惠偏好，为互惠行为的检验提供了新的线索，现有关于互惠行为的实证研究大多是基于 Sahlins（1972）[38]对互惠类型学展开的。Wu 等（2006）[21]基于 Sahlins（1972）[38]对互惠类型的划分，设计了针对中国公司的互惠量表，并对这种度量方式进行了初步的验证。检验结果显示，Wu 等的量表表现出较高信度和效度。Cheng 等（2007）[40]的工作深化了关于互惠量表在中国的实际应用方面的研究。他们结合中国社会交往中固有的“人情”和“关系”特征，根据 Salihns（1972）[38]所描绘的三种互惠类型，建立了一套适合中国文化的互惠度量方式。李双燕等（2009）[17]在中国的文化背景下构建了互惠量表，用于研究公司经理的广义互惠、平衡互惠和负互惠行为对员工的工作满意度、角色内绩效和组织公民行为的影响。研究结果显示，公司经理的广义互惠行为不仅与员工的工作满意度呈显著正相关，且与组织内个人有利的公民行为呈显著正相关；公司经理的平衡互惠行为对员工的工作满意度、角色内绩效和组织内个人有利的公民行为有显著的正向影响作用；公司经理的负互惠行为对员工工作满意度有着显著的负向影响。李秉祥等（2015）[41]结合公司治理当中机构投资者对经理的互惠行为的特征，编制了能够衡量机构投资者对经理互惠行为的类型和程度的互惠量表，研究机构投资者互惠行为对公司非效率投资的影响。可见，Sahlins 所建立的互惠类型学为互惠的度量研究奠定了坚实的基础，后续研究均在 Sahlins 互惠类型学的基础上根据不同的研究环境和研究对象构建量表。

2.1.3　互惠理论在公司治理方面的应用

经济思想一直以来都是管理思想的重要源泉，决定着公司治理理念和策略。行为经济学的互惠偏好假说深刻揭示出了现代经济社会中经济个体的复杂心理动机，也已经在众多研究和管理实践中得到验证，对传统经济学所提出了各种人性假说进行了补充和修正，使经济理论作为管理理论的先导更加贴近经济社会现实和管理实践。

行为经济学的基本观点是，经济个体不仅重视自身获取物质收益的多寡，也会关注自身内在互惠动机需求能否得到满足。随着行为经济学和公司治理机制交叉融合地不断深入，越来越多的学者从互惠角度来研究公司治理问题。Fehr 等（1997）[42]认为，互惠本身构成一种强有力的激励源，互惠利他动机的存在不仅影响激励契约的执行，而且会影响激励契约的设计和效率特性。Fischbacher 等（2001）[20]研究发现，对具有纯粹自利偏好代理人而言，有效的激励契约无法对具有公平、互惠偏好的代理人发挥应有的激励作用，而对具有纯粹自利偏好代理人而言，效果不良的激励契约有时却能够对具有公平、互惠偏好的代理人产生较好的激励作用。同时指出，纯物质激励不仅难以对具有互惠偏好的代理人产生良好的激励效果，反而会降低代理人的工作努力程度。

国内外学者在行为经济学视角下，开展了大量探索性研究，推动了互惠理论与公司治理理论的交叉融合。接下来本书将阐述互惠在公司员工与管理者激励问题、团队合作问题和企业间整合问题上所发挥的作用。

2.1.3.1 互惠与公司激励机制

公司治理需要通过一整套包括正式或非正式的制度和机制来协调企业各方利益关系，以保证公司决策的科学化（谭庆美等，2015）[43]。随着行为经济学和管理学学科间交叉融合地不断深入，越来越多的学者从互惠视角研究公司治理问题。如果个体在损失自身收益的情况下增进他人的利益，就被定为对他人友善；而如果个体在损失自身收益的情况下去损害他人的利益，就被定义为对他人不友善（Rabin，1993）[14]。互惠理论假定经济个体在追求个人利益的同时也受到他人利益的制约，突出自我利益与他人利益、群体利益的交换和统一。互惠不是纯粹的利他，而是一种建立在回报基础上的利他行为（Jang 和 Patel，2018）[44]。

相对于理性"经济人"假设下对最优激励契约的设计，基于公平和互惠偏好假设建立起来的激励契约能够通过加强经济个体对实现自我利益和他人利益整体提升的预期促进个体的努力程度。牛建波等（2019）[45]认为，互惠和信任是公司治理机制的深化和拓展，互惠和信任能够减少组织当中的机会主义行为，即使在无人监控的情况下。这是由于互惠和信任能够通过提高行为的可预测性和包容性来调整人们的行为。

国内关于互惠的开创性研究是由蒲勇健做出的，他根据 Rabin 教授所提出的动机公平收益函数，将互惠假设引入传统的委托代理模型中，完成了对经典委托——代理理论的修正和改造，从而证实了具有互惠动机的代理人在一定条件下能够为委托人创造更高的利润（蒲勇健，2007a）[46]。同时，在考虑物质效用和互惠动机的情况下，发现非理性代理人具有在公平与自利之间寻求平衡的复杂行为（蒲勇健，2007b）[47]。郭心毅等（2008）[48]在行为经济学当中社会偏好理论及其收益模型的基础上，分析了代理人在追求物质收益的同时对他人的收益水平、行为动机所表现出的骄傲、内疚和嫉妒等心理，构建了包含这一系列心理因素及非理性行为的新委托代理模型。模型的推演结果表明，非理性心理和行为在显著影响激励契约的执行效果和结构形式的同时，也会对委托人的收益造成影响。

在员工激励方面，Siemens 和 Ferdinand（2013）[49] 实证研究表明，尽管加强了传统的激励措施，但实施控制还是会降低员工的工作绩效。他们基于互惠理论解释了这一现象，管理者和员工在互惠偏好上存在差异，员工认为个人选择属于私人信息，且将不被控制看作是管理者的善意行为。Krügel 和 Traub（2018）[50] 基于礼物交换博弈进行实验研究，检查互惠行为是否有助于提高员工对公司变革的接受度。实验发现，如果管理者能够通过提供公平的工资来激发员工的互惠行为，具有收益不确定性的改革面临的阻力会降低。Dickson 和 Fongoni（2019）[51] 建立了一个基于非对称互惠的最优工资设定模型。分析指出，无论最初的雇佣工资是否被公司压缩，工资刚性下降的预期和强烈的负互惠预期都会显著降低新雇佣关系的价值。魏光兴等（2007）[16] 认为，正面激励制度对员工的激励效率高于负面激励制度，不完全合约激励制度的激励效率高于完全合约激励制度，其原因在于员工本身具有互惠动机。万迪昉等（2009）[52] 基于 DK 序贯互惠模型，证实了公司管理者对员工的互惠行为会提高员工的工作努力水平，前提是员工具有互惠偏好。李双燕等（2009）[17] 的实证研究验证了万迪昉等的观点，他们的研究证实了员工具有互惠动机，会影响员工的行为选择，进而影响公司各种激励制度的激励效率。具体地，公司给予的正面激励会加强员工的工作满意度，公司管理者和员工之间基于平衡互惠的信息传递会激发员工以更高的工作努力程度作为回报，从而有助于公司业绩的提升。

在管理者激励方面，Niu 等（2015）[53] 通过实验研究方法分析了互惠公平心理对管理者固位动机和行为的影响。实验结果表明，管理者的互惠公平偏好与固守程度呈显著负相关关系。钟美瑞等（2017）[54] 利用 DK 序贯互惠模型分析了互惠动机公平偏好对项目资本配置的影响。研究发现，首席执行官的互惠动机和意图能够促使具有互惠公平偏好的项目经理提高投资项目资本配置决策临界点，互惠公平偏好能够作为显性激励契约的替代缓解代理问题和抑制投资不足；具有互惠公平偏好的项目经理倾向于真实地汇报项目质量状况，优化项目资本配置计划，从而降低非对称信息下的道德风险问题；并且，首席执行官的互惠动机和意图使具有互惠公平偏好的项目经理在进行策略选择时会向首席执行官的最优利益点局部收敛，从而缓解公司股东与项目经理在项目资本配置中的利益冲突。李秉祥等(2015)[41]通过构建机构投资者对经理的互惠量表，实证检验机构投资者互惠行为对公司非效率投资的影响。研究发现，机构投资者对经理实施广义互惠行为或平衡互惠行为能够显著降低经理管理防御程度，并抑制公司非效率投资现象。李越和李秉祥（2017）[55]进一步将研究视角扩展到双重代理关系下，从动态角度分析了大股东与经理之间互惠心理和行为的调节过程。结合中国上市公司股权集中度较高的现实背景，通过构建完全信息条件下的DK序贯互惠模型，推理证实了大股东和经理的行为不仅受到股权制衡、股权集中度等客观因素的影响，更重要的是受到双方互惠行为和互惠动机的影响。从理论上解释了互惠发挥激励作用的本质是对善意信念的判断，发现了互惠的内在激励作用会影响股权结构配置等公司内部治理机制的效用。

既然众多研究证实了互惠动机和行为能够促进管理行为优化，公司制度设计必须考虑到互惠偏好与制度的一致性（张洪恩和王覃刚，2007；罗小黔等，2009）[56][57]。师伟和蒲勇健（2013）[18]以序贯互惠模型为基础，证实了在完全信息条件下，如果委托人具有足够高的互惠敏感性，那么代理人就会在最后一轮博弈开始之前出现向委托人示好的动机，这一动机将会激励代理人更加努力地工作；如果代理人具有足够的互惠敏感性，委托人将给予代理人更大的自由空间，而不再单纯选择强制性契约。蒲勇健等(2010)[58]指出代理人的互惠偏好会改变最优契约的报酬结构形式，基于公平和互惠偏好建立起来的激励契约有着更高的激励效率，能够提升契约双方的既得利益和提高公司治理效率。相对于理性“经济人”假设下对最优激励契约的设计而言，将代理人的互惠偏好植入激励契约能够在不降低代理人工作努力水平的前提下，使委托人获得提高物质收益的可能。但这种结论要在一定的特殊条件下才能形成，一是博弈要无限次重复，且参与人要关注长期利益；二是参与人可以对其他参与人的不合作行为进行惩罚，而且为了使惩罚得以实现必须要求参与人的行为可以被其他参与人观察到。如果这些条件不满足，目前的经典委托—代理理论就不能够获得合作性结论（韩姣杰等，2012）[59]。因此，建立和完善公司激励机制不能忽视对激励对象互惠动机的关注，应加强对互惠性激励契约设计的考虑。

2.1.3.2 互惠与团队合作

多主体参与的项目团队合作模式将是未来发展的趋势，并且来自不同主体的团队成员的行为选择策略将会直接影响到团队的合作效率，甚至影响项目成败。Rabin（1998）[60]以互惠偏好作为研究切入点，建立博弈模型并分析了知识型团队成员之间的互惠心理博弈过程，得到了互惠性均衡，发现了知识型团队成员存在着期望合作和渴望奉献的心理动机，且这一动机具有明显的经济效应。Bolton 和 Ockenfels（2000）[32]分析了成员之间的合作和互惠偏好对团队整体竞争力的影响，发现了团队互惠文化与团队竞争力的正相关关系。Fischbacher 等（2001）[20]证明了在公共产品实验中，如果公共产品的给予者具有公平偏好或互惠偏好，那么他们会愿意承担惩罚实验中不合作者的责任，以此促进其他参与者之间合作水平的提升。Cox 等（2007）[61]理论梳理了团队当中开展合作的各种方式，发现团队成员之间产生互惠动机并进行互惠合作的根源是成员自发的利他动机倾向，用传统的心理契约理论无法全面揭示。Biel（2008）[62]在标准委托代理框架下分析了有关团队合作和团队激励的问题。他假定团队中仅存在两个代理人，且代理人的努力程度可以被准确观察到，那么具有纯粹自利动机的委托人就可以利用代理人的公平和互惠偏好降低代理成本，进而使团队的生产利润获得提升。

国内学者蒲勇健（2007a）[46]首先将 Rabin 所提出的互惠思想与我国公司团队合作问题结合起来。他认为，中国公司团队蕴含的互惠性文化会对团队成员造成影响，进而影响到团队成员的努力程度和团队综合影响力。林昭文等（2008）[63]对互惠性文化环境下的个体间隐性知识转移机制进行了研究，发现在互惠性文化下的知识转移能够克服很多传统知识转移模式下的诸多缺陷。李训（2009）[64]在预算均衡和平均分享机制下研究团队生产效率问题，证明了公平偏好虽然无法促使团队产生帕累托最优，但能够促进团队生产实现帕累托改进。刘敬伟等（2009）[65]通过实证研究揭示了研发型团队互惠性文化策略的微观传导机理。他们认同互惠作为一种利他行为在公司文化建设中的重要影响作用，认为互惠性文化环境能够显著加强研发团队的技术创新能力。进一步地，张同建和蒲勇健（2010）[15]的研究显示，我国研发型团队基于互惠性偏好制定的战略已经显示出了初步成效，该战略在一定程度上加强了团队隐性知识转化和提高了团队整体技术创新能力。韩姣杰等（2012）[59]在多主体参与团队的情形下研究了团队合作模式和团队合作效率。他们通过理论分析构建了基于互惠偏好的团队合作研究框架，并在此基础上应用案例分析了互惠偏好对团队合作绩效和团队激励效率的影响，对理论框架进行验证。韩姣杰等（2012）[59]根据社会偏好理论，设计了包括不同主体来源的多个代理人项目团队委托代理模型，并将互惠偏好植入模型，比较分析了代理人在互惠条件下和完全理性条件下行为选择的差异性，探讨了互惠偏好对代理人策略选择、项目团队激励效率和项目团队绩效的影响。研究结果显示，互惠偏好对项目团队绩效的促进作用受到环境的影响，偏好对促成项目团队成员合作也并不具有绝对性，但是在提高团队激励效率和利润分享方面具有显著意义。

2.1.3.3 互惠行为的企业间整合效应

市场主要由长期的战略互惠双边关系构成（Bolton 和 Ockenfels，2000）[32]。梁学成和万迪昉（2007）[66]认为，企业间的互惠合作有助于双方或多方相关合作规则地不断完善。他们通过企业间合作的视角，综合运用互惠理论、价值链理论和演化理论对企业服务外包业务当中所蕴含的互惠合作机理进行了理论分析，提出基于互惠思想开展服务外包是促进企业间深化合作和战略发展的重要活动。董维维和庄贵军（2013）[67]指出，相比西方企业，中国企业组织间互惠关系对投机行为具有显著的负向影响，企业间通过长期要素交换所建立的相互信任和互惠合作模式有助于降低双方产生短期投机行为。他们的研究明确了渠道中企业间关系对于渠道投机行为的抑制作用，认为企业间互惠强度往往决定了企业间关系的发展。

2.2 管理防御相关研究进展

2.2.1 管理防御的起源与概念

2.2.1.1 理论起源

早在20世纪30年代，Berle和Means（1932）[68]就针对公司所有权和经营权分离的现象进行了最初的实证研究。并将著名的“所有权和控制权分离”命题写入其开创性著作《现代公司与私有产权》一书中。他们指出，现代公司所有者与管理者之间所产生的潜在利益冲突是公司所有权和经营权分离的必然结果。这一著名的论断为后来委托代理理论的提出奠定了基础。但遗憾的是，他们却没有对公司管理者的代理行为进行深入分析。代理成本的产生由委托人和代理人利益不对称和信息不一致所导致，为了减轻委托代理关系带来的效率损失和降低代理成本，Jensen和Meckling（1976）[69]、Grossman和Hart（1986）[70]及Hart和Moore（1990）[71]等建立了具有重大影响力的委托代理理论，为研究经理行为提供了十分有价值的理论研究工具。早期的研究大多是从股东的角度，采用委托代理理论分析框架研究由于股东和经理之间的传统利益冲突下的代理问题，如经理偷工懈怠、滥用自由现金流、建造“经理帝国”等。Stulz（1990）[72]的研究证实了公司负债能够起到降低股东与经理的利益冲突的作用。Jensen和Murphy（1990）[73]研究了经理薪酬激励与公司业绩的关系，指出设计最优薪酬契约是降低代理问题的有效途径。传统委托代理理论对于解释股东和经理之间的代理关系具有重要的理论意义，但是仅从作为委托人的股东角度出发研究公司治理问题，忽略了作为代理人的经理的个人特征和管理行为。

Jensen和Meckling（1976）[69]在提出委托代理理论的同时，认为如果公司的股权分散程度比较高，股东和经理的冲突将随着经理持股比例的提升而减弱。这是由于持有较低股份的经理从事非公司价值最大化行为不会对自身利益造成过多的损失，而经理还能够凭借控制的公司资产、信息资源等谋取薪酬以外的收益。但是，当经理持有的公司股份不断提升，其个人利益与公司价值的联系加强，如果经理仍旧从事非公司价值最大化行为将会降低其个人利益。因此，提高经理持股比例会促使股东和经理的利益趋向一致，使经理有动力通过提升公司价值来增加股东财富，从而降低公司代理成本。然而，一些学者对 Jensen 和 Meckling 的论断提出了质疑，其中比较具有代表性的是 Fama 和 Jensen（1983）[74]的研究，他们认为来自公司外部市场的监管能够迫使持股比例较低的经理关注公司价值增长；而持股比例较高的经理在公司中拥有了一定的投票权和控制权，这为其开展非公司价值最大化行为提供了更多的机会，且为其职位安全与薪酬提供了更大的保障。当经理所持股份较高时，公司股份的流动性就会受到相应的限制，从而投资者分散化投机的机会更低，因而股东难以对经理行为有效的约束。这为经理进行投机行为提供了条件，经理可能会通过盈余管理的方式粉饰业绩，或者联合外部投资者操纵股票价格谋取私利，最终导致代理成本的增加。于是，管理防御理论就是在这些理论背景之下应运而生。

管理防御假说最早由 Morck、Shleifer 和 Vishny（1988）[1]在检验公司经理持股比例与公司业绩之间的关系时正式提出。他们以美国的 371 家公司为研究样本，发现公司的托宾 Q 值与经理持股比例呈“N”形关系，即随着经理持股比例的提高，公司绩效出现先升后降而后再升的趋势。具体地，当经理持股比例处于 5%—25% 时，经理持股与公司托宾 Q 值呈现负相关关系；而当经理持股比例低于 5% 或高于 25% 时，经理持股比例越高，公司托宾 Q 值就越高。由此，Morck、Shleifer 和 Vishny（1988）[1]提出了经理管理防御假说，并运用该假说对实证检验结果作出解释：当经理持股比例较低（低于 5%），或者持股比例较高（高于 25%）时，公司经理和股东的利益趋向一致，此时符合 Jensen 和 Meckling（1976）[69]的利益趋同假说所描述的情况；而当经理持股比例在 5%—25% 时，经理和股东之间的关系就发生了变化。此时，经理拥有一定的持股份额；这一方面使经理有机会获得更高的决策自由度；另一方面，公司内部的控制权市场和公司外部的经理人市场对经理的约束作用下降。所以，在此状态下股东对经理的监督和控制被削弱，经理会倾向于利用手中掌握的权力开展追求个人财富、稳固个人控制权地位、维护职位安全的行为，而不是为了公司价值最大化目标而努力，这必然会造成公司价值的减损。他们指出，经理持股比例与公司业绩之间的非线性关系反映经理已经处于管理防御状态。在以往的有关代理问题的研究文献中，大多是以经理持有股份为出发点研究公司现金股利、资本结构等与经理持股比例的相关性，研究目的是通过降低公司股东与经理之间的代理成本实现股东利益最大化。即以往的文献是以实现股东财富最大化为目标开展对公司决策选择的研究。而管理防御理论所关注的动机因素不同，该理论认为，公司各项决策在一定程度上会受到经理行为偏好和个人特征的影响。管理防御理论对以往许多理论的前提假设提出了挑战，迫使人们不得不对以往委托代理理论框架下研究的经济问题进行重新思考。

关于经理持股和公司业绩之间关系的研究，存在着“利益协同”和“管理防御”两种观点。大多实证研究结果支持两者之间存在非线性关系的结论。Stulz（1990）[72]在分析公司外部市场接管对经理的制约作用时，发现了经理持股与公司业绩存在着“U”形关系，并求解得出了经理的最优持股比例区间。McConnell 和 Servaes（1990）[75]证实了经理持股与公司托宾 Q 值的倒“U”形关系，但是非线性结点不同于所提出的5%和25%，而是40%和50%。Cho（1998）[76]采用“格点搜寻”技术研究经理持股的激励作用时发现，当经理持股在7%至38%这一持股区间的时候，处于管理防御状态。Demsetz 和 Villalonga（2001）[77]则认为，当经理持股比例高于一定范围时，会对公司价值造成损失。这是由于持股份额较高的经理将具备抵御来自股东和董事会的监督的能力。Cui 和 Mak（2002）[78]经过实证检验，指出经理持股比例与公司价值存在“W”形关系。Farinha（2003）[79]以1991年至1996年的英国上市公司为研究对象，证实了经理持股与公司股利支付率之间存在着“U”形关系。具体地，当经理持股比例大于或等于30%，经理愿意通过支付适当的股利来增加个人利益。然而，经理持股所带来的激励效应会随着经理持股比例的不断提升出现递减的趋势。这说明经理股权激励符合边际效应递减规律，经理的股权上升会使得经理持股的激励效应转换为管理防御效应，这一结果与管理防御理论的预测相符。国内学者韩亮亮等（2006）[80]也得出了类似的结论。尽管以上文献的研究结论存在细节上的差异，但都符合管理防御理论关于“经理对职位安全性和自身利益最大化的考虑会导致经理的行为偏离公司价值最大化目标，造成公司价值的减损”的预期，在一定程度上为管理防御理论提供了支撑。

2.2.1.2 概念界定

Morck、Shleifer和Vishny（1988）[1]在提出管理防御假说时，指出经理持股比例的上升会导致其产生固守职位、追求个人利益最大化的行为。目前，除了Morck、Shleifer和Vishny（1988）[1]的管理防御定义被广泛采用外，Berger等（1997）[81]将管理防御定义为经理不受公司控制机制约束的状态。Weir和Jones（1999）[82]认为管理防御就是经理能够保证自身无法被替换，即使未能实现股东收益或者面临产品市场和经理市场的威胁。Berger等（1997）[81]所定义的管理防御显然过于含糊，经理“不受控制”的状态涵盖范围太广泛。Weir和Jones（1999）[82]给出的定义又过于狭隘，仅局限于经理职位变更范畴。对此，国内学者黄国良（2012）[3]基于中国上市公司制度环境和财务政策的现实状况，将管理防御概念界定为：管理防御指经理（包括董事、监事和高级管理人员）面临激励和约束，选择有利于维护自身职位并追求自身效用最大化的行为。李秉祥和王妍斐（2008）[83]指出，管理防御行为是指经理通过实施有利于自身利益最大化的管理决策，实现稳固职位、获得权力积累、提高声誉等目的。

基于此，本书将管理防御定义为经理在公司内外部控制机制之下，为维护自身职位稳定性和实现自身效用最大化而开展的经营管理活动和决策行为。这一概念突出了管理防御的动机是实现个人利益最大化，强调管理防御是主动的防范行为，对现实中公司经理的行为角色更具有解释力。

2.2.2 管理防御的表现形式

国内外关于经理管理防御的研究文献，基本上围绕以下两条主线展开：一是研究经理在公司内部控制机制下怎样通过财务政策的选择保障自身职位稳定性和追求个人利益最大化；二是研究经理在公司外部控制机制下如何应对并购和接管的威胁。接下来将遵循这两条研究主线对经理管理防御的相关表现形式进行梳理。

2.2.2.1 公司内部控制机制下的管理防御与财务决策

公司内部控制机制指股东为了使经理按照股东利益最大化目标行动而实施的一系列治理监督手段。下面梳理了有关经理在公司内部控制机制下开展管理防御的相关文献。

(1) 管理防御与融资决策。公司资本结构决策主要包括两方面研究内容：一是融资方式的选择；二是对债务资本和权益资本比重的控制。现有研究文献大多集中在对融资方式选择的讨论上。Gilson (1989)[84] 基于股东和经理本身目标上的冲突，较早分析了具有管理防御动机的经理的融资选择偏好。他指出，为了实现公司价值最大化，股东希望充分利用负债融资所带来的财务杠杆的好处；而经理担忧债务融资所伴随的到期还本付息压力和破产风险，为了降低财务风险和维护职位安全性，经理更偏好权益融资。Jung 等 (1996)[85] 在研究公司的融资选择方式时发现了经理管理防御的证据。研究显示，选取权益融资的公司，大部分都存在尚可使用的负债额度，且具有较少的投资机会。这说明，尽管负债融资是对公司更有利的融资方式，但是具有管理防御动机的经理仍旧放弃了负债融资，转而采取权益融资方式。我国学者黄国良 (2010)[3] 选取中国上市公司样本，证实了管理防御作为中国上市公司股权融资偏好的最重要解释因素，使得经理的融资决策偏离了股东财富最大化目标，对上市公司业绩的显著负面影响。

Berger 等 (1997)[81] 进行了有关职位固守的实验研究，实验证明负债水平与经理控制权的大小呈显著的负相关关系。进一步，Chan 等 (1998)[86]

的研究结合经理个人特征分析经理管理防御对融资方式选择的影响。他们发现，经理能力、转换工作成本和持股比例都会不同程度地影响其管理防御水平，进而影响公司融资方式的选择。具体来讲，经理能力越高，越有可能选择较高的负债水平，因为相较于能力较低的经理，能力较高的经理能够创造更多的投资机会和更顺利地开展经营管理活动，公司产生财务危机的概率更低；经理持股比例越高，越有可能选择较高的负债水平，原因是持有股份较多的经理能够从公司价值提升中获利更多，且被替换威胁较低；经理的转换工作成本越低，越有可能选择较高的负债水平。而能力不足和承担较高转换工作成本的经理出于对负债融资所带来风险的回避，会倾向于选择股权融资方式。Jong 和 Veld（2001）[87]以荷兰上市公司作为研究对象，分析了在对经理约束宽松的荷兰资本市场当中经理对公司再融资方式的选择。研究发现，经理为了避免债务约束大多选择发行股票的方式再融资。张海龙等（2014）[88]考虑到资本结构调整速度存在非对称特征，实证检验了经理管理防御对资本结构调整速度的影响。结果显示，经理管理防御与公司资本结构向下调整速度呈显著正相关，与公司资本结构向上调整速度存在显著负相关关系。

（2）管理防御与股利政策。有关管理防御与公司股利政策相结合的研究始于信号模型理论和税差理论对当时的美国公司的一些股票回购行为的解释出现困难的时候，Dann 和 Deanglo（1983）[89]运用管理防御理论阐述了私下协议回购股票背后的经理行为动机，从而使管理防御理论成为研究股票回购的主流理论。之后，Scordis 和 Pritchett（1998）[90]的研究显示，具有管理防御动机的经理有扩大可控制资源和提高控制权的需要，会通过扭曲现金股利分配将自由现金流更多地保留在公司内部。李秉祥等（2007）[5]在理论分析的基础上，以 2004—2006 年中国上市公司为研究对象，实证验证了管理防御与公司股利政策的关系。研究显示，我国上市公司经理经营业绩、公司规模和负债水平与现金股利分配水平呈显著正相关，说明经理的管理防御行为会显著影响公司的现金股利政策。

但是，也有学者不认同经理的管理防御动机降低公司股利支付这一观点。Farinha（2003）[79]分别以 1987—1991 年和 1992—1996 年两个五年期的英国公司为研究对象，验证了经理持股与公司股利支付率的关系，发现持股比例高于 30% 的经理会通过适当的支付股利来谋取私人利益，这从另一个角度为管理防御假说提供了证据。我国学者刘星等（2004）[91]采用均值差异检验、多元线性回归和 Logistic 回归方法证实了 Farinha（2002）[79]的观点，即具有管理防御动机的经理会通过适当的支付股利来保障个人在公司的管理地位，且公司的国有股份比例、经理持股比例和投资机会都会影响经理的现金股利分配决策。另外，Brav 等（2005）[92]研究了股票回购决定和股利发放政策的影响因素，认为经理管理防御与公司股利政策不存在关联性。他们的研究显示，公司盈余和股利支付之间不存在显著相关性，由于股票回购比股利发放更具有灵活性，经理倾向于采用股票回购的方式消化投资后剩余的自由现金流，而公司的股利政策一旦制定，经理就不愿再去改变股利支付。

（3）管理防御与投资决策。关于经理管理防御对公司投资决策的影响，比较一致的结论是：经理在进行投资决策时更多考虑的是个人利益最大化而非公司利益最大化。现有国内外相关文献主要集中在对过度投资、投资短视和多元化投资的讨论上。

首先，过度投资。经理为了控制更多资源来攫取私人利益，存在不断扩大公司规模营造“经理帝国”的动机，通常的手段有将公司过去投资产生的现金流投资在现有项目上以营造“经理帝国”，即使现有项目的净现值为负也进行投资，而不是将这一部分现金流利益分配给股东（Jensen 和 Meckling，1976）[69]。Chen 等（2011）[93]指出，经理出于对自身职位安全性的考虑，会通过扩大公司规模来提高自身的不可替代性，而不是将投资收益率作为首要考虑因素。我国上市公司经理管理防御问题严重，刘怀珍和欧阳令南（2004）[94]将经理的私有收益因素内生于模型当中，分析了经理私有收益和公司投资行为的关系。指出公司出现过度投资的重要原因是经理对个人私有收益的追求，经理薪酬激励对降低公司过度投资不产生作用。张海龙和李秉祥（2010）[95]设计了经理管理防御指数，以 2003—2007 年中国制造业上市公司为研究对象证实了经理管理防御与公司过度投资存在正相关关系。并且指出，通过现金股利分配能够显著抑制经理的过度投资行为，这是由于具有管理防御动机的经理对公司融资活动所产生的自由现金流十分敏感。同时研究结果也显示，经理持股比例的提高有助于抑制经理产生过度投资行为。

其次，投资短视。经理为了达到股东所要求的业绩目标和提高经理人市场对其个人能力评判，会出于对任期内业绩和短期盈利目标的需要选择次优的短期投资项目。Lundstrum（2002）[96]认为，经理选择次优短期投资项目的原因还包括其对迅速提高声誉和完善职业规划的考虑。袁春生、杨淑娥（2006）[97]从控制权获取角度对 Lundstrum（2002）[96]的分析进行了补充，认为公司投资短视的深层原因是经理对更大控制权和更高管理地位地追逐。李秉祥和薛思珊（2008）[98]基于公司投资活动的信号传递特征，应用信号博弈模型和二期博弈模型分析了经理的短期投资偏好。结果显示，无论经理的管理防御程度是否相同，都会在面临长短期投资决策的时候出现短期投资偏好。更具体地，郝艳和李秉祥（2010）[4]基于经理的职位安全需要，采用信号传递模型对投资短视和“敲竹杠”长期投资进行分析。研究发现，当经理面临两个期限长度不同的互斥项目时，如果经理不具备与股东谈判的能力，选择投资于净现金流量较低短期项目，就被视为投资短视；如果经理具备一定的与股东谈判的能力，选择净现金流量更低长期投资项目，就被视为“敲竹杠”长期投资。李秉祥和郝艳（2009）[99]还采用实验经济学研究方法，验证了经理的预期转换工作成本与管理防御的正相关关系，以及经理能力与管理防御的负相关关系，管理防御程度越高，投资短视越严重。李秉祥和吴建祥（2015）[100]证明了补贴机制能有效减少因管理防御引致投资短视行为。具体来讲，如果给予经理适当的补贴，则可出现经理长短期项目选择的部分可分离均衡，即有能力择业成本低的经理选择长期项目，有能力择业成本高或无能力类型的经理选择短期项目，股东根据项目的收益决定是否继续聘任现任经理。

最后，多元化投资。Anderson（2000）[101]研究发现，多元化投资现象在经理持股水平较低的公司更明显。Denis 和 Sarin（1997）[102]较早地分析了具有管理防御动机的经理开展多元化投资的原因。认为经理进行多元化投资能够使其掌握多方人才、资金和信息资源，从而更加难以被替换，并且多元化投资所产生的自由现金流会直接作用于经理的显性薪酬。Dyck 和 Zingales（2004）[103]认为，追求更多控制权收益是经理开展多元化投资的动因，同时多元化投资还能帮助经理提高市场感知和提升自身人力资本价值等。

（4）管理防御与会计政策。国外有关管理防御对公司会计政策的影响的研究，主要考察了经理出于个人利益最大化和稳定职位等目的会计选择。Zimmerman 等（1994）[104]认为，在以公司盈余作为经理薪酬契约基础的公司当中，经理存在利用适当的会计政策以实现薪酬提升的行为。Astami 等（2006）[105]指出，经理会通过会计政策选择来平滑收益，维持公司股价的稳定，从而达到提高经营业绩、维护良好声誉的目的。Meo 等（2017）[106]从经理遏制收购的角度分析经理的会计政策选择行为，认为当经理没有创造足够的股东价值，以保持其控制权时，会采取盈余管理行为来增加其职位安全。

国内学者关注经理管理防御动机下会计政策选择与经理个人特征的关系，及其与公司治理机制的关联性。王福胜和程富（2014）[107]研究了经理个人背景特征与公司会计政策选择的关系。研究结果显示，管理防御程度越高，计提资产减值准备的比例越低。相较于男性经理人员，女性经理的管理防御程度更高。经理学历越低、年龄越大、任期越长，管理防御程度越高。何威风（2015）[108]进一步从相似吸引理论角度，研究了高管团队的垂直特征与公司盈余管理的关系，发现经理和董事长之间在年龄、性别、学历、任期的差异会导致公司盈余管理行为的改变。张娟和黄志忠（2014）[109]指出，经理可以通过实施机会主义盈余管理来操纵会计业绩或股价，这可能导致经理报酬契约的失效。高芳（2016）[110]以我国 2011—2013 年进行了财务重述的 427 家 A 股上市公司及配对公司为样本，证实了管理防御与公司财务重述的正相关关系。

2.2.2.2 公司外部控制机制下的管理防御

公司外部控制机制，是指源自公司外部压力的能够监督经理绩效的代理权竞争、兼并和收购。当经理拥有公司的实际控制权时，其可能直接或间接操纵防御性反并购措施，用于增加解雇成本或潜在进入者的成本。例如，经理为了防止被更替，可能会通过关联交易、资产转让、资本结构重组、人力资本雇佣、毒丸计划、绿色邮件和金色降落伞等手段影响公司的资本结构、现金流量和市场价值，甚至可能通过借贷合同的订立与执行，或者游说立法者修正反接管法律来阻止并购。Scharfstein（1988）[111]指出，虽然外部接管市场能够对经理形成约束，但是经理可以通过采取防御性反接管措施抽取接管者剩余，从而降低外部接管的威胁。Dann 和 Deanglo（1983）[89]认为，收购前的资本结构调整应当被视为一种反并购防御方式。Harris 和 Raviv（1988）[112]研究了经理提高财务杠杆这一反接管方式，他们指出，公司的负债水平越高，被收购的可能性就越低。也就是说，经理能够通过设置较高的负债水平迫使接管者让步，即"债务杠杆效应"，从而证实了 Dann 和 DeAnglo 的观点。Zwiebel（1996）[113]指出，经理只有在面临潜在接管威胁的时候，为了保证自身控制权才愿意将负债率调整至一个较高的水平，同时较高的负债水平也可以向股东表达其提高公司利润的坚定态度，而在较为宽松的外部环境下经理会出于对自身职位安全、声誉等因素的考虑适当的降低公司负债水平。

经理除了可能实施抵御外部市场接管的管理防御行为，还可能开展迎合接管的管理防御行为，如盲目多元化并购。Amihud 和 Lev（1981）[114]认为具有管理防御动机的经理通过开展多元化并购将公司规模扩展至最优规模以外，不仅能够降低被替换的风险，还有可能创造更多晋升的机会。Dyck 和 Zingales（2004）[103]认为追求更多控制权收益是经理通过盲目多元化并购扩大公司规模的动因，同时多元化并购为经理带来了很多现实的利益，如保障职位安全、提高市场感知和提升自身人力资本价值等。Andrea 和 Adriano（2008）[115]以公司并购资金为研究切入点，指出当被并购公司经理具有公司资产生产效率的私人信息，主并购公司会对经理实施更多的补偿，以获得与公司经理分享控制权私利的好处。

2.2.3 管理防御与公司治理机制

2.2.3.1 管理防御与激励机制

经理激励契约是一系列子契约的集合。其中，显性激励如经理薪酬、经理持股是最重要的显性激励契约，而声誉、职业生涯发展等隐性激励契约作为完整激励契约的构成部分，与显性激励存在补充或者替代关系。

(1) 显性激励。良好的薪酬契约设计通过将经理薪酬与公司绩效挂钩，抑制经理的机会主义行为。而股权激励则通过将股东和经理之间的利益绑定，促使经理承担风险，提高公司价值（Jensen 和 Meckling，1976；Lambert 等，1991）[69][116]。白建军和李秉祥（2012）[117]经过实验研究发现，经理的浮动薪酬和管理防御存在显著的“U”形关系，而固定薪酬水平越高，经理管理防御越严重。陈霞等（2017）[118]的研究分析了不同类别国有企业经理薪酬激励效果的差异。他们认为，在竞争类国有企业中，经理薪酬激励能够显著促进公司绩效，而公共服务类国有企业和特定功能类国有企业的经理薪酬激励效果不显著。翟淑萍和毕晓方（2016）[119]以中国高新技术行业上市公司为研究对象，实证检验发现当经理持股比例适中（5% –25%）时，具有利益趋同效应，显著促进了政府资助对公司研发投资的激励效应。

但经理自主权理论认为，经理权力是影响显性激励机制发挥作用的重要因素（Bebchuk 和 Fried，2003）[120]。Demsetz（1983）[121]指出，经理与董事会的讨价还价能力决定的经理薪酬的绝对水平，当经理兼任董事长，将获得对董事会更大的控制权，会影响董事会的薪酬制定过程。步丹璐和王晓艳（2014）[122]认同经理自定薪酬的观点，他们的研究表明，经理权力的存在会使政府补助成为其“伪装”业绩的指标，从而增加经理薪酬，并且这种现象在国有企业中比在民营企业中表现得更为突出。支晓强等（2014）[123]认为经理为了使自利性股权方案获得通过，需要采用模仿其他上市公司的股权激励方案以增强其合法性，且经理权力越小，越需要进行模仿。

公司的各项激励安排之间存在协同效应。雷霆和周嘉南（2014）[124]以股权分置改革后2007年至2012年上市公司为样本，探究股改后中国上市公司股权激励对高管内部薪酬差距的影响，结果显示，在股权激励的作用下，高管内部薪酬差距的扩大将增加企业权益资本成本。方政等（2017）[125]将实际控制人的影响纳入经理激励问题的研究中。研究发现，货币化薪酬呈现积极的治理效应，能够实现股东与经理的利益趋同，而经理持股则会弱化薪酬激励的效果，导致出现代理问题。进一步分析得知，经理期权激励的作用主要体现在货币化薪酬与代理成本关系的调节效应中，并且主要见于民营企业和高科技行业。

（2）隐性激励。激励制度设计原本是为了降低经理的代理成本，但是随着研究的深入，我们发现，信息造假、数据舞弊事件多有发生，且薪酬和股权激励制度设计有可能演化为经理的自利行为，这表明仅采用显性激励并不能解决经理管理防御问题。所以，学者开始从另外的角度研究经理激励机制，主要包括声誉、职业生涯发展等。

声誉作为经理的口碑和被认可程度，是经理工作能力、长期工作业绩和品德的直接表现，是经理雇佣合同签订的主要考量因素。Desai 等（2006）[126]认为，曾经经营业绩不佳的经理难以受到良好的预期，因此声誉会对经理形成一种隐性激励作用，可以作为显性激励契约的补充或替代。李秉祥等（2014）[127]基于实证研究方法分析了成就动机与声誉激励关系。声誉激励对具有高度内在工作动机的高成就动机经理发挥的作用有限，而成就动机较低的经理更多关注的是薪酬和权力等，声誉激励由于能够为其提供今后的增值，会产生激励作用。孔峰和张微（2014）[128]检验了双重声誉（政治声誉和市场声誉）对经理的激励作用。结果显示，政治声誉影响系数的降低可以降低经理的投机行为水平，而政治声誉影响系数降低，可以通过提高市场声誉效用系数来实现。

关于经理职业生涯，Gibbons 和 Murphy（1992）[129]从经理职业生涯发展角度，分析了职业生涯声誉和职业生涯风险对经理薪酬水平的影响。他们认为，经理当期的经营业绩影响着股东和经理人市场对他能力的评估，从而影响下一期甚至未来一段时期的基本薪酬水平。郝艳和李秉祥（2009）[130]设计了针对经理管理防御动机和行为的职业生涯规划，包括两方面内容：一是通过建立经理离职金计划、退休金计划降低经理的职业危机；二是重视对经理潜能的开发，加强挫折管理，从而降低经理对未来职业发展不确定性的预期，最终达到抑制经理管理防御的目的。

激励契约是一系列子契约的组合。作为完整激励契约的构成部分，各项激励子契约之间往往存在此消彼长的替代关系。张兆国等（2013）[131]认为，国有企业经理具有政治代理人和经济代理人双重角色，政治晋升在影响经理管理行为的同时，也会对薪酬激励产生强化作用。晏艳阳和金鹏（2014）[132]通过将委托人和代理人公平偏好同时引入多任务的委托代理模型中，研究国企高管和政府主管部门均具公平偏好下的国企高管最优薪酬机制。研究发现，公平偏好先影响最优薪酬激励强度进而间接地影响总体薪酬水平；在此过程中，政府主管部门公平偏好和高管同情偏好对最优薪酬激励强度的影响，呈现出替代效应。在激励经理完成社会责任任务目标方面，薪酬激励的作用有限，应当配合隐性激励措施促进任务目标的实现。研究还发现教育程度较高的高管具有更强的公平偏好心理。王放等（2015）[133]以 2005—2013 年中国非金融上市公司为研究对象，研究经理职业生涯关注与在职消费的关系。研究发现，当基于职业生涯关注的隐性激励机制的作用相对较弱时，经理就会倾向于获取更多在职消费；在身处政府行为规范化程度较低地区的国有上市公司中，职业生涯关注激励与在职消费的替代关系更加突出。

2.2.3.2 管理防御与约束机制

国内外学者普遍对经理约束机制的积极作用持肯定观点。大多文献集中在对股东约束机制、董事会约束机制这些公司内部控制机制约束作用的研究上，同时也涉及对经理市场竞争机制、产品市场竞争机制、资本结构约束等问题的研究。

控制性股东对公司进行直接控制是公司治理的重要组成部分，不少学者都支持该机制能够有效减少代理问题的观点。Kaplan 和 Minton（1994）[134]发现日本的控制性股东倾向于更换业绩不良的经理。Westphal 等（2008）[135]基于股东积极主义视角，研究发现公司大股东凭借所有权优势能够促进经理和董事会的管理效率，推动公司战略改革，从而降低经理由于追求自身效用最大化所带来的代理成本。国内学者支持大股东的干预行为有利于抑制经理的不当行为这一观点，讨论如何配置公司股权结构既能发挥股东的支持行为，又能增强经理的主动性。舒谦和陈治亚（2014）[136]通过交互效应模型分析得出，提高研发投入有利于公司业绩提升，但是这一影响会受到公司股权结构的制约。具体地，当公司前三大股东持股比例之和高于18.7%时，研发投入与公司业绩才会显示出正相关关系；机构股东持股比例和经理持股比例与公司研发投入存在显著正相关关系；而股权集中度与研发投入的交互项对提高公司业绩没有显著影响。潘红波和韩芳芳（2016）[137]实证研究表明，控股股东纵向兼任高管可以有效缓解股东与经理之间的代理冲突。

有关机构投资者持股对经理的约束作用，学术界一直存在着争议。根据现有文献，可以归纳为以下三种观点：第一，“有效监督”的观点认为机构投资者能够降低股东和经理之间的代理问题，如机构投资者能够显著提升公司信息披露水平（Lin 和 Fu，2017；陈小林和孔东民，2012）[138][139]，对投资短视行为（Kochhar 和 David，1996；唐松莲等，2015）[140][141]股利分配决策（Short 等，2002）[142]、盈余管理（孙光国等，2015）[143]等产生积极的治理作用。第二，“用脚投票”的观点。Kahn 和 Winton（1998）[144]观察到，如果机构能够轻易交易，他们更有可能使用信息来识别交易机会，而不是影响公司。因此，在公司绩效与机构所有权之间，没有关系或弱关系。然而，另外一些学者认为，股票的出售可以作为一种治理机制。Admati 和 Pfleiderer（2009）[145]在理论上证明了出售股票的“威胁”可以帮助将管理行为与股东利益结合起来。与此一致的是，Erenburg 等（2016）[146]发现，机构投资者持股与托宾 Q 之间的正相关关系，是由不直接影响公司绩效的机构投资者的交易行为驱动的。Helwege 等（2012）[147]的理论研究表明，机构投资者可以通过抛售股票来监督上市公司治理，或者准确地说，是通过退出威胁来影响公司治理。高敬忠等（2011）[148]、伊志宏和李艳丽（2013）[149]认为，机构投资者会通过在证券市场买进或者卖出所持股份这一“用脚投票”方式，对上市公司形成间接监督，机构投资者持股变化能够向市场传递有关上市公司经营状况的信息。第三，关于“合谋”观点。David 和 Koehhar（1996）[10]给出了机构投资者与经理通过合谋攫取私利的证据。Woidtke（2002）[150]的研究证实了这一观点，他指出公司价值与股东之间的关系由于投资机构的管理者目标函数的不同而变化，中小投资者不一定能从中获益。尤其，当机构投资者对经理的监督与中小投资者的利益存在矛盾时，中小投资者的利益很可能会受到侵害。在此理论基础上，他通过实证研究证实了公司托宾 Q 值与公共养老基金持股比例的显著负相关关系。李胜楠等（2015）[151]认为，机构投资者自身治理状况不良是导致“合谋”的根本原因，他们经过实证分析得出结论：自身治理状况较差的基金会选择与上市公司经理“合谋”，而治理状况较好的基金会在上市公司非自愿变更决策当中发挥积极的治理作用。

关于董事会监督机制，Weisbach（1988）[152]通过研究美国上市公司董事会治理效率指出，美国公司的外部董事比内部董事能更有效地履行其监督职能。并且，美国公司的独立董事具有明显的专业优势，能够对经理形成有效监督，从而抑制经理开展过度投资行为。周建等（2017）[153]通过使用2011—2014 年沪深两市 A 股上市公司的面板数据，运用 FGLS 回归发现，控制机制中的董事会独立性及董事长与总经理两职分离能够显著降低财务多元化水平，这在主板上市公司中更为显著。进一步研究发现，当存在充裕的自由现金流时，独立的董事会能提高监督过程中的“警惕性”，更能发挥它的监督职能。李敏娜和王铁男（2014）[154]利用社会网络分析方法检验了董事网络对促进公司成长的作用机理。结果发现，公司董事网络会促进连锁公司之间进行薪酬方式的效仿和经理薪酬激励方式的转换，从而显著提高公司的成长性。

Giroud 和 Mueller（2011）[155]、曹裕（2014）[156]认为产品市场竞争能够对经理行为产生约束，影响股东对经理的监督作用，从而降低因所有权和经营权分离所产生的代理成本。Desai 等（2006）[126]、孔峰和张微（2014）[128]认为，经理人市场能够基于声誉机制对经理产生约束，经理出于对未来晋升和转换工作的考虑，会加强对股东利益的重视。而关于公司资本结构约束，郭泽光等（2015）[157]以我国沪深 A 股上市公司为研究样本，考察了我债务融资契约的治理作用。实证分析结果显示，我国上市公司的债务结构扭曲，债务治理不能发挥出应有的效果。

2.3 机构投资者治理相关研究进展

2.3.1 机构投资者的概念界定

美国学者 Peter Drucker（1976）[158]创造性地研究了以养老基金为代表的机构投资者对公司治理的影响。自此，国外关于机构投资者股东积极主义行动的研究陆续出现。中国证券市场起步较晚，直到 1998 年才出现了真正意义上的机构投资者。但是经过一系列的市场自由化的改革，机构投资者在我国的股票市场上发挥出越来越重要的作用，相关的理论和实证研究也逐步丰富。

机构投资者的概念包括描述性和列举性两类。描述性概念具有代表性的有美国学者 Davis 和 Steil，他在 2001 年将机构投资者描述为"特殊的金融机构"，这一特殊的金融机构能够将众多中小投资者的资金集中化管理，代表中小投资的利益在规定的期限内以可接受的风险范围追求投资收益最大化。列举性概念具有代表性的有美国的《black 法律词典》对机构投资者的定义，它将机构投资者界定为"大型投资者"，明确指出机构投资者的范围包括共同基金、养老基金、保险公司以及其他利用他人资金进行投资的机构。周正庆（1999）[159]将个人投资者界定为持有债券的自然人，而将机构投资者界定为持有债券的机构。他认为，机构投资者主要包括证券投资基金、社会保险基金、证券公司、保险公司及合格境外投资者等，而大量持股的其他法人机构不属于机构投资者范畴。由此看来，Davis 和 Steil 的定义范围太窄，仅将机构投资者的目的局限于追求投资收益最大化，而忽略了机构对公司控制权的要求。美国的《black 法律词典》给出的定义没有将具有分散投资策略的持股份额较低的机构投资者考虑在内，而周正庆的定义关注了个人投资者和机构投资者的对比，却忽略了机构投资者与其他类型投资者的对比特征。

李维安和李滨（2008）[160]认为，机构投资者有广义和狭义之分。一般而言，广义的机构投资者不仅包括证券投资基金、证券中介机构、养老基金、社会保险基金、保险公司，还包括各种私人捐款的基金会、社会慈善机构等，内涵十分广泛，而狭义的机构投资者主要指的是证券投资基金、证券中介机构、养老基金、社会保险基金和保险公司等。从机构股权投资角度来看，机构投资者是公司股东，有时可以称之为机构大股东，具备参与公司治理的能力。而从机构投资者本身来看，机构投资者通过雇佣投资经理来管理集合的资金使其发挥出规模经济优势，并利用投资组合策略降低投资风险，从而追求投资收益最大化。本书是从机构股权投资的角度对其治理作用进行分析。汪忠等（2006）[161]指出我国上市公司的机构股东主要包括证券投资基金、证券公司、保险公司、社会保险、养老基金。因此，本书研究中所涉及的机构投资者是狭义的机构投资者，包括证券投资基金、证券中介机构、养老基金、社会保险基金和保险公司等。

2.3.2 机构投资者与公司治理

股东能够通过出席股东大会行使表决权向管理层施加压力，迫使管理层采取变革，从而达到监督管理层和影响管理层决策过程的目的。Shleifer和Vishny（1986）[6]理论分析指出，拥有更多股权的股东就能够获得更多的收益，机构投资者由于持有大量股权，有着监督公司管理的积极性。自此，大量学者就机构投资者能否秉承价值投资理念，积极改善被投资公司治理状况并提高公司价值进行了研究，为解释机构投资者行动主义对经理决策行为的影响作出贡献。

2.3.2.1 国外相关文献

西方学术界关于机构投资者治理作用的研究上形成了几种竞争性的观点：第一，“用脚投票”观点认为，机构投资者由于持股水平限制，很难凭借有限的投票权真正介入公司治理活动当中，如果公司业绩表现不佳，其往往会采取“用脚投票”来表达不满，在公司治理中更多扮演“旁观者”的角色。第二，“有效监督”观点认为，机构投资者能够积极监督和监控被投资公司，减少信息不对称，降低代理问题，并凭借其卓越的管理技能和丰富的资源，使股东价值最大化。第三，“合谋”观点则认为，机构投资者可能与被投资公司经理之间存在利益交易，机构投资者不但无法有效监督公司的治理，反而可能与经理勾结，沦为经理的“合谋者”。

（1）用脚投票。关于“用脚投票”早期研究以 Pound（1988）[162]、David 和 Kochhar（1996）[10]等为代表，认为机构投资者只作为被动的监督者，不干预管理层，他们对基于信息优势的投机性短期交易利润感兴趣，以满足他们的投资组合需求，而不是关注于改善公司治理和公司业绩的监控者。在经营不善的公司里他们可能会抛售持有的股票，而不愿意为提高公司业绩承担风险和资本压力。“用脚投票”实际上是股东之间的博弈，其结果是公司股东的更替，只是由一个无为股东向另一个无为股东的交换。虽然机构投资者减持会导致股价下跌，或者被解读为不利的消息，但除非发生敌意并购，机构投资者抛售股票往往不会导致管理者直接出局。相反，对公司持有异议的股东的离去，能够使管理者的地位更加稳固。Kahn 和 Winton（1998）[144]观察到，如果机构能够轻易交易，他们更有可能使用信息来识别交易机会，而不是影响公司。因此，在公司绩效与机构所有权之间，没有关系或弱关系。Agrawal 和 Knoeber（1996）[163]研究了美国 383 家大型公司的样本指出，托宾 Q 和机构所有权之间没有关系。同样，Duggal 和 Millar（1999）[164]调查了美国的收购案例，以确定机构投资者在 1985—1990 年是否提高了管理效率，并没有发现投标人收益和机构所有权之间的关系，这表明机构投资者并没有提高效率。

然而，Admati 和 Pfleiderer（2009）[145]在理论上证明了出售股票的威胁可以帮助将管理行为与股东利益结合起来。与此一致的是，Utete（2008）发现，机构投资者持股与托宾 Q 之间的正相关关系，是由不直接影响公司绩效的机构投资者的交易行为驱动的。Helwege 等（2012）[147]的理论研究表明，机构投资者可以通过抛售股票来监督上市公司治理，或者准确地说，是通过退出威胁来影响公司治理。尤其，当长期投资者会通过退出的威胁和表达反对意见来影响经理人，或选择出售表现不佳的股票时，股票的出售可以作为一种治理机制。如果他们观察到经理人的行为举止得当，他们就会持有股票，并且股价稳定，相反在经理表现不佳时抛售股票，导致股价下跌，以及随之而来的资本成本上升。长期投资者的交易是可以观察到的，所以它揭示了关于公司经理管理行为的私人信息。在实践中，通过退出进行监测是很普遍的（Parrino 等，2003）[165]。然而，Helwege 等（2012）[147]发现，当公司陷入财务困境时，机构投资者能够通过“用脚投票”方式促进短期业绩改善，不支持长期价值创造。因此，虽然“用脚投票”能够影响公司政策，但是，它仅是机构投资者影响公司管理活动的补充手段，机构投资者直接凭借所有权参与公司治理才是公司治理水平提高的关键。

（2）有效监督。关于有效监督假说，国外学者在公司治理层面主要形成了三方面文献：完善公司内部治理；加强信息传递；影响战略选择，以上影响都最终体现为对公司价值的作用。

在公司内部监督方面，以 Shleifer 和 Vishny（1986）[6]为代表，他们认为机构大股东的存在加大了股权的集中度，一定程度上有助于“搭便车”问题的解决，从而有利于完善公司内部监督治理机制。Chung 等（2002）[166]的研究证实了 Shleifer 和 Vishny（1986）[6]的观点，他们认为机构投资者可以对经理的机会主义行为形成监督制约，可以部分解决由于公司所有权和经营权分离所导致的代理问题。更具体的，Agrawal 等（1992）[167]研究指出，机构大股东存在的公司在并购中较少出现超额支付的现象。Kaplan 和 Minton（1994）[134]认为机构大股东能够促进公司在经理表现出经营业绩不佳时对其进行替换。Bertrand 和 Mullainathan（2000）[168]从经理薪酬角度出发，研究机构投资者对经理薪酬契约的影响。研究结果显示，如果机构大股东出现在董事会，经理薪酬契约的设计和管理就会得到更好的控制，从而实现对经理更有效的激励。Hartzell 和 Starks（2001）[169]经过实证分析得出结论，相较于没有机构大股东的公司，机构大股东存在的公司中经理薪酬与公司业绩的相关关系更强。

在公司信息传递方面，以 Shleifer 和 Vishny（1986、1997）[6][170]、Lin 和 Fu（2017）[138]为代表的学者认为，机构大股东拥有卓越的管理技能和大量资源，并且便于从管理层得到内幕信息，他们扮演的是信息传递者的角色，将公司的内部信息传递到资本市场，从而降低信息不对称，减少代理问题，并最终实现股东价值最大化。并认为作为大股东的机构投资者有很强的信息处理优势，这一优势有助于降低公司内部与外部资本市场当中信息不对称程度，从而一定程度上强化公司外部治理机制的监督效率。Roberts（2010）[171]实证分析了机构投资者持股与银行借款成本的关系，发现机构投资者持股的公司获得的银行借款成本显著低于没有机构投资者持股的公司，这是由于机构投资者能解决公司存在的信息不对称问题。同时，发现银行和非银行机构投资者共同监管下的公司具有较低的经营风险。

在公司战略选择方面，kochhar 和 David（1996）[140]以积极投资者假设和短视假设为出发点，发现了机构投资者在公司治理当中不仅没有表现出短视行为，反而能够显著促进公司的革新。Grier 和 Zychowiez（1994）[172]研究认为，机构投资者持股比例与公司债务水平存在着显著负相关关系，他们认为机构投资者不愿意承担高负债水平所带来的财务风险。Eckbo 和 verma（1994）[173]以加拿大上市公司为研究对象，实证研究机构投资者持股对公司现金股利收益率的影响。他们发现机构投资者持股比例与现金股利收益率呈显著正相关关系，且两者之间的相关关系受到管理层权力调节作用的影响，会随着管理层权力的提高而降低。Short 等（2002）[142]采用英国上市公司面板数据，实证检验了机构投资者持股对公司股利分配的影响。检验结果显示，机构投资者持股比例与股利分配率呈显著正相关，且机构投资者持股比例与公司盈利能力呈显著正相关。

（3）合谋。“合谋”观点认为，机构投资者由于和被投资者公司存在着业务关系，使得机构投资者无法采取股东积极主义行动监督公司经理，甚至会为了自身利益而与公司经理产生“合谋”。

David 和 Koehhar（1996）[10]认为，机构投资者出于短期盈利目的，不但无法对被投资公司经理形成有效监督，反而会出现频繁交易现象。并且指出，一些机构投资者（如保险公司、投资银行）与被投资公司间存在着诸多业务关系，会导致双方产生利益上的冲突，进而阻碍其履行监督职能。一些实证研究结论为这一观点提供了支撑，Wahal（1996）[174]的实证研究结果证实，养老基金没有发挥积极的公司治理的作用，基金持股与公司业绩不存在显著的正相关关系。Woidtke（2002）[150]的结论在支持前人论断的基础上，指出公司价值与股东之间的关系由于投资机构的管理者目标函数的不同而变化，中小投资者不一定能从此关系中获益，尤其是当机构投资者对管理层的监督与中小投资者的利益存在矛盾时，中小投资者的利益很可能会受到侵害。他通过实证研究证实了公司托宾 Q 值与公共养老基金持股比例的显著负相关关系。

根据“合谋”的观点，只要机构投资者能从中获益，他们可能会利用分散的小股东与公司经理合作，而忽视经理的管理防御行为。因此，如果管理层进行的活动降低了公司的价值，公司绩效与机构所有权之间的负面关系就会显现出来。Pound（1988）[162]较早地分析了机构投资者与公司经理的合谋行为。他认为机构投资者出于和被投资公司之间的商业联系，不情愿与公司经理站在对立面，而是更多地选择与经理展开合作，其有可能会纵容经理的机会主义行为或直接通过私有信息交易获利。Ferreira 和 Matos（2008）[175]的实证研究支持 Pound 的这一假说，他们使用了 27 个国家的股票资产综合数据库，发现机构所有权与公司托宾 Q 值之间的显著负相关关系。

2.3.2.2 国内相关文献

国内有关机构投资者治理作用的研究，是基于对西方相关文献所采用的研究理论和研究方法借鉴的基础上展开的，已有文献也可归纳为“有效监督”“用脚投票”和“合谋”这三种观点。

（1）有效监督。国内支持机构投资者“有效监督”观点的研究大多是从机构投资者持股到结果的分析。首先，在公司财务控制层面，国内代表性的学者有王琨和肖星（2005）[176]，他们通过实证研究方法证实了机构投资者持股能够减少我国上市公司被关联方占用的资金。具体地，机构投资者持股比例的上升与上市公司被关联方占用资金的程度呈显著负相关关系，同时前十大股东中存在机构投资者的上市公司被关联方占用的资金显著少于其他公司。王永海等（2007）[177]通过模型分析看出，当机构投资者持股比例上升至一定界限时，随着机构投资者持股比例的提高，公司现金流量呈现显著上升趋势。高敬忠等（2011）[148]的实证研究发现，上市公司机构投资者持股比例总和与公司盈余报告及时性、精确性存在显著正相关关系。并且，在股权分置改革后，机构投资者持股对经理盈余管理行为的积极治理作用比股权分置改革之前有所加强。李争光等（2015）[178]以2007—2012 年沪深 A 股上市公司为研究对象，证实了机构投资者持股对提高公司会计稳健性的显著影响作用，以及对于缓解代理冲突，降低信息不对称程度的显著影响。孙光国等（2015）[143]结合中国上市公司“一股独大”的实际特点，采用实证研究方法检验了公司盈余管理与机构投资者持股的关系。结果证实了机构投资者持股比例与公司盈余管理程度之间存在着显著负相关关系。他们进一步按照大股东控制权进行分组后研究得出结论，大股东绝对控制条件下，机构投资者无法抑制被投资者公司的盈余管理。侯剑平等（2016）[179]基于 GMM 模型构建动态内生性关系模型进行实证研究，证实了机构投资者持股比例与公司资本结构之间的显著动态内生性关系，并且控股股东对两者之间的动态内生性关系产生显著影响。其次，在公司治理效率层面，以李维安和李滨（2008）[160]为代表，他们以2004—2006 年沪深 A 股 3470 家上市公司为研究样本，结合面板数据和截面数据检验了机构投资者参与上市公司治理的效果，实证研究结果显示，机构投资者持股比例与公司绩效呈显著正相关，机构投资者持股比例和公司市场价值呈显著正相关。吴晓晖和姜彦福（2006）[180]选取面板数据模型和混合截面数据模型研究机构投资者对被投资公司独立董事治理效率的影响，结果发现机构投资者对独立董事治理效率有着显著的促进作用，并且这一影响具有时滞效应。韩晴（2014）[7]的实证分析指出，机构投资者和独立董事责任险能够对管理费用率起到共同控制的作用，而且机构投资者在促进资产收益率提升方面的作用有助于弥补独立董事责任险在这方面的不足。另外，独立董事责任险和机构投资者对公司信息不对称的治理作用也存在互补作用。陆瑶等（2012）[181]采取 2001 年至 2009 年中国 1729 家上市公司数据实证研究发现，随着机构投资者持股比例的提升，被投资者公司违规倾向显著降低。并且，机构投资者持股比例与公司违规行为被稽查的可能性存在着显著正相关关系。同时指出，相较于公司经营违规，机构投资者对公司信息披露违规倾向的影响作用更大。相较于证券机构投资者持股的公司，养老保险基金、社保基金和企业年金持股的公司违规比例更低。

高敬忠等（2011）[148]的研究关注机构投资者异质性，实证检验了不同类型机构投资者对经理盈余管理行为的监督作用。结果发现，银行、投资基金和财务公司对盈余管理管理具有显著的监督效应，而保险公司和养老基金对公司盈余管理的影响较弱。罗付岩（2015）[182]基于中国2003—2011年上市公司数据，将机构投资者按照投资期限的长短分类为长期机构投资者和短期机构投资者。实证研究证实，长期机构投资者持股对公司盈余管理有着显著的负向影响，而短期机构投资者持股对公司盈余管理具有显著正向影响，这说明只有长期机构投资者才能起到改善公司治理的作用。长期机构投资者积极的治理作用会随着其持股比例的提高而得到加强，而随着短期机构投资者持股比例的提高，其短视行为会越严重。更具体地，唐松莲等（2015）[141]也基于机构投资者异质性，实证研究证实了长线型基金既能够降低现金富余公司的过度投资现象，也有助于减少现金短缺公司的投资不足问题。他们还证实了只要具有较高的持股水平，短线型基金也能够对现金短缺公司的投资不足现象起到减缓作用。李争光等（2015、2016）[178][183]将机构投资者区分为交易型和稳定型，实证证实了相较于交易型机构投资者，稳定性机构投资者持股能够显著提升被投资公司的会计稳健性，缓解代理冲突，降低信息不对称程度，证实了稳定型机构投资者会加强会计稳健性与股权融资成本之间的负相关关系。

还有一些文献深入探讨了机构投资者参与公司治理的渠道和过程。陈小林和孔东民（2012）[139]指出，机构投资者对上市公司的私有信息搜寻，有助于私有信息公开化，会降低市场操纵者私有信息套利空间。并且，随着信息透明度的不断提高，机构投资者的私有信息搜寻对私有信息套利的影响符合边际效应递减规律。也就是说，在私有信息套利现象较严重的公司当中，机构投资者信息搜寻对抑制私有信息套利将发挥更显著的作用。

进一步地，谭劲松和林雨晨（2016）[184]认为机构投资者的治理效应并非一定要通过持股才能得以发挥，价值投资和关系投资的特征使得他们在客观上推动了公司治理水平的提升。他们从理论角度分析了机构投资者对提升公司信息披露水平的作用，并通过理论模型推导和实证检验相结合的方法，证明了机构投资者的调研行为能够显著提升公司信息披露水平及公司整体治理水平，提升的效果与机构投资者调研次数呈显著正相关，与参与调研的机构投资者数量呈显著正相关。并指出，券商和基金的调研行为的治理效应最为显著。王珏和祝继高（2015）[185]认为，基金是基于控制权发挥积极的公司治理作用的。他们通过上海家化和格力电器的案例分析指出，机构投资者在面临大股东和经理的委托代理冲突时，会选择支持有利于帮助其完善社会资本控制权的一方。

（2）“用脚投票”。“用脚投票”的观点认为，机构投资者不会积极地参与上市公司治理，只会采取抛售股票这一消极方式表达他们对公司绩效的不满。一种观点对机构投资者“用脚投票”的治理效果持肯定态度，认为机构投资者会通过股权变动或股权变动的威胁对经理形成间接监督。高敬忠等（2011）[148]认为我国机构投资者在监督中“用脚投票”与“用手投票”现象均存在，并且机构投资者的短期投资特征占主导地位，其通过持股变化向市场传递了有关上市公司经营状况的信息。伊志宏和李艳丽（2013）[149]支持高敬忠等（2011）[148]的观点，认为机构投资者会通过在证券市场买进或者卖出所持股份这一“用脚投票”方式，对上市公司形成间接监督。

另一种观点认为，一些机构投资者与被投资上市公司存在业务往来，这会阻碍其成为有效的监督者。袁蓉丽等（2010）[186]通过2001年至2003年的中国1104家上市公司数据发现，大多数证券公司的内部治理不完善，经营业绩不良，且与被投资上市公司存在复杂的利益冲突，导致其不具有参与公司治理积极性，所以证券公司持股对被投资公司业绩不存在显著影响。孔东民和王江元（2012）[187]认为，机构投资者是市场中的知情交易者，各机构投资者持股比例差异造成其中一部分机构投资者倾向于“用脚投票”，没有参与公司治理的积极动机。并且，他们采取2008年至2014年中国上市公司的数据实证分析显示，上市公司机构投资者的股权分布均衡程度与股价崩盘风险之间呈现正相关关系。罗付岩（2015）[182]认为，机构投资者与被投资公司除了投资关系以外，经常有着其他各种业务往来，这使得机构投资者在行使投票权的时候丧失了中立性，往往难以对经理的机会主义行为提出反对。并且，短期机构投资者具有短期收益偏好，会默许经理操纵盈余管理的行为，并采取“用脚投票”来实现短期收益，不具有监督经理的动力。宋建波等（2012）[188]则从理论上分析了机构投资者忽略价值投资策略的原因。他们指出，机构投资者对短期资产组合收益的追求是促使其采取激进的投资策略的原因。

（3）“合谋”。关于“合谋”观点的研究，国内学者着重对“合谋”原因进行分析。宋建波等（2012）[188]的研究立足于探讨机构投资者是否改善了我国上市公司的经营实质、提升了上市公司因经营活动而产生的绩效和现金流水平。研究结果显示，由于机构投资者之间争夺客户需要实现较高的短期资产组合收益，这会导致部分机构投资者选择激进的投资策略。因此，我国机构投资者不但未能对改善上市公司治理水平、提高经营业绩和现金流量产生积极的影响作用，反而使公司更频繁地出现短期行为。他们还指出，如果机构投资者的短期行为能够为经理带来收益，“合谋”就会在他们之间产生。机构投资者通过信息优势操纵市场来赚取差价，他们支持被投资者公司经理用盈余管理来粉饰业绩，抬高公司股价，同样机构投资者的短期行为也会得到经理的默许甚至配合。吴先聪（2012）[8]以股权分置改革为研究背景，在对这一背景下机构投资者治理作用的实证检验中发现：在股权分置改革中，非流通股的制度性缺陷并未完全解决，上市公司未能接受真正的市场化监督，此时机构投资者会通过与被投资公司经理的“合谋”或妥协行为赚取中小股东利益。另外，研究证实了股权分置改革和机构投资者持股的交互作用与公司绩效是显著负相关关系。李胜楠等（2015）[151]认为机构投资者自身治理状况不良是导致“合谋”的根本原因，他们经过实证分析得出结论：自身治理状况较差的基金会选择与上市公司经理“合谋”，而治理状况较好的基金会在上市公司非自愿变更决策当中发挥积极的治理作用。潘越等（2011）[189]则探讨了机构投资者和经理“合谋”的结果，他们以 2004 年至 2008 年沪深 A 股上市公司为研究样本，从高管更替视角，实证检验了机构投资者持股对高管非自愿更替的影响。研究结果显示，机构投资者持股比例越高，高管因业绩不佳被替换的可能性越低，且即使高管更替，继任者来源于公司内部的可能性越大。同时，对比高管更替后公司业绩改善情况，从外部选聘的高管的公司经营业绩显著提高，而内部选聘高管经营的公司业绩没有显著提高。这表示机构投资者和公司高管具有“合谋”行为。

2.4 文献述评

综上所述，在本书的相关研究领域，国内外学者已经从不同视角、综合运用多种学科理论和方法开展了大量的研究。在公司治理问题的研究当中，经理管理防御问题依旧是学者重点研究的方向。在对相关文献进行梳理和分析时发现，机构投资者持股、隐性激励以及各种激励契约之间的协调配合能够对经理产生一定的影响作用。但是，在传统经济学框架下，已有文献的观点尚未统一，尤其在机构投资者持股对经理的治理作用方面，研究分歧较大。在国内外学者不断地研究和探索下，基于互惠理论探讨经理的激励问题已作为新的思考方向，成为此方面研究的前沿课题。

关于互惠理论的研究，经历了从定性到定量，从理论到应用，从抽象到具体的研究过程，主要研究经历了以下三个阶段：第一，互惠行为的验证。互惠的验证是互惠理论发展的基础。在这一阶段，学者主要进行的是实验研究，文献中出现了大量关于实验场景的描述，不同的实验场景对应于不同的互惠模型，如何设置实验条件、展开实验是学者关注的重点。他们用实验结果的微妙变化来解释现实中人们的互惠动机和互惠行为，从而实现了对互惠动机、互惠行为的验证以及对互惠理论的完善。第二，互惠模型的建立、改造及应用。学者将互惠偏好植入传统的标准博弈模型当中，建立能够解释参与者互惠动机和互惠行为的博弈模型。在这一阶段，如何克服每一种模型所固有的局限性，从而发挥模型的解释优势，是很多学者在对模型不断修正和完善时所思考的内容。学者通过对模型的建立和完善，使之能够解释或预测更为宽泛的社会现象。第三，互惠理论与其他学科理论的融合。随着互惠模型的发展和逐渐成熟，人们获得了刻画互惠偏好的标准工具，越来越多的学者将目光转投向其他学科领域，在假定参与者具有互惠偏好的前提下重新审视传统经济学框架下所证实的既有结论。在这一阶段，学者关注的重点不再是实验和互惠模型本身，而是如何实现互惠理论与其他学科理论的融合，如何从互惠的角度解释更多的社会现象。

关于经理管理防御的研究，最早起源于对公司内部人所有权和公司业绩之间关系地分析。随着对管理防御问题认识不断深入，其研究范围从对经理持股与公司业绩之间的关系的探究，扩展至对经理如何通过公司经营决策、财务决策、战略规划等各方面开展管理防御行为问题的讨论。所采用的研究方法也从早期的实证分析方法逐步演变为逻辑推演、数理模型分析和实证分析方法等多种研究方法相结合的研究模式。纵观国内外研究管理防御与公司财务决策关系的文献，主要集中于经理对公司投融资决策、股利政策和会计政策的影响方面。并且，目前对这些方面的研究已经取得了突破性的进展，管理防御动机的存在将导致经理投资效率低下，使经理在融资时具有较强的股权投资偏好，并且很少进行现金股利的发放。此外，在对经理管理防御与公司治理机制相关文献进行梳理时发现，股东控制机制尤其是机构大股东持股已经作为一种重要的公司治理机制，成为学者研究的重点。

纵观国内外有关机构投资者治理作用的文献，主要可以归纳为三种竞争性的观点，即“有效监督”观、“用脚投票”观和“合谋”观。国外学者在西方成熟的资本市场背景下率先对机构投资者的治理作用进行了探索，早期的研究集中在对机构投资者持股是否有助于加强其监督积极性问题上的讨论。随着研究的深入，众多理论和实证研究证实了机构投资者在完善公司内部治理，加强公司信息传递和影响公司战略选择方面的“有效监督”作用。然而，国外文献对机构投资者的治理作用尚未形成统一认识，还并存着“用脚投票”观和“合谋”观。国内学者关于此问题的研究借鉴了西方的研究方法，主要集中在对机构投资者股东积极主义行动的验证上。研究历经了从机构投资者持股到结果的实证检验、机构投资者异质性的分析以及对机构投资者参与公司治理渠道和过程的分析。近年来，学者开始关注在中国制度背景之下机构投资者与经理的“合谋”问题。可见，关于机构投资者能否发挥积极的治理作用，“有效监督”观点居于主导地位，但总体而言，国内外学者对该问题仍没有形成统一的认识，还存在相互矛盾的结论。

纵观已有研究，还存在以下不足：

(1) 已有研究当中，分析经理管理防御与公司投资、融资及股利分配等单因素联系的研究文献较多，而将多个因素纳入统一的研究框架下进行综合分析的文献较少。此外，现实中的经理在公司经营管理中不是被动的防御对象，他不仅会利用单一的财务政策来避免职位变更威胁，还会混合多种财务管理手段提高自身可获得的收益。因此，从多种财务政策选择的角度解释经理管理防御行为，将有助于提升研究理论的解释力和现实指导作用。

(2) 经理管理防御包含经理复杂的心理和行为特征，现有管理防御方面的文献仅局限于从公司内外部治理机制和经理个人特征角度进行研究，忽略了管理防御所涉及的经理深层次的内心需求。并且，现有文献大多建立在传统经济学理性“经济人”假设基础上，忽略了不同经济个体之间交互行为对决策的影响。事实上，经理所面临的公司内外部环境是极其复杂的，经理在决策过程中除了对自身利益最大化的判断，其他经济个体的动机和行为同样会影响经理的决策过程。仅从理性“经济人”假设出发，无法全面解释经理的心理特征和决策行为。行为经济学认为，现实社会中的经济人不具备“完全理性”特征，而是会受到公平、互惠等多方面因素的影响。因此，本书在行为经济学背景下考虑互惠偏好对经理管理防御的影响，将有助于管理防御理论自身假设条件和理论体系的完善。

(3) 关于机构投资者对经理的监督约束作用，大部分实证研究选取机构投资者持股比例这一变量作为其对公司治理参与程度的替代性指标，忽略了机构投资者治理行为所包含的经济个体的心理机制，且现有文献仍没有形成统一的认识。现有文献大多建立在传统经济学理性“经济人”假设基础上，忽略了经理互惠心理契约对公司正式契约的补充作用。因此，无法解释经理与公司中其他经济个体之间的交互行为如何影响其决策过程。机构投资者通过投票权征集、股东提案等方式参与公司治理，对经理的决策实施帮助或施加压力，这些行为的回报具有不确定性。机构投资者耗费成本利他是出于提高股东收益的考虑，这一动机和行为正是互惠理论内涵的体现——冒险降低个体适应度实施非亲缘利他行为是基于对日后回报行为带来利益补偿的期望。因此，本书认为，互惠机制能够通过强化经理对实现自我利益和他人利益整体提升的预期起到对经理的激励作用。本书将结合互惠理论探讨机构投资者对经理管理防御的影响，在检验前人研究结论的基础上，为解释机构投资者持股与公司治理效果之间的因果关系提供了一个全新的研究视角。

（4）关于互惠理论在公司治理的应用方面，由于国内对互惠理论的研究起步较晚，尤其关于互惠行为在公司治理当中激励作用的研究证据较少，研究范围较窄。目前，大多数文献已证实互惠动机和行为能够促进管理行为优化，但只局限于经验性解释，少有文献涉及互惠行为的实证检验，以至于对互惠行为产生激励作用的原因、特点、造成的经济后果等的研究比较缺乏，未能形成逻辑严密的研究体系。可见，结合互惠偏好与公司激励约束机制的研究还存在着较大的拓展空间，需要有更多的数理分析和实证检验作为支持。因此，分析机构投资者对经理互惠行为的激励作用，运用互惠理论解释机构投资者和经理之间的互动关系具有巨大的理论探索价值。

鉴于此，本书尝试从以下三方面出发以克服现有文献的局限性：首先，基于文献梳理，机构投资者对经理互惠行为的激励作用进行理论分析，并结合DK动态序贯互惠模型，构建机构投资者和经理的博弈模型，解析机构投资者与经理互惠行为产生激励作用的逻辑关系，揭示中国上市公司机构投资者和经理互惠行为对于激励经理优化管理行为，降低管理防御的内在动力机制。其次，针对机构投资者和经理之间权力关系、行为多样和复杂的状态，建立一套能够解释和衡量中国上市公司机构投资者对经理互惠行为的量表，为开展基于互惠心理激励契约的实证分析提供依据。最后，针对互惠行为多面性特征，对互惠激励作用和合谋效应的演化进行协同研究。本书的研究将有助于加深理解机构投资者对经理产生激励作用的理论内涵，为优化经理激励约束机制提供先进的理论指导。

2.5 本章小结

前人丰富的研究成果为本书的研究奠定了坚实的理论基础，本章从互惠理论、管理防御理论和机构投资者参与公司治理的相关研究进展三个方面出发，对国内外与本书研究内容密切相关的文献进行了系统回顾。通过文献梳理可以看出，在公司内外部控制机制下，公司投融资决策、现金股利分配是经理开展管理防御行为的主要渠道。针对此，学者从经理薪酬、经理持股、股东控制等方面开展了对经理激励约束机制的研究，并在不同公司特征和资本市场环境之下得出了许多卓有成效的研究结论。其中，对机构投资者治理作用的讨论是近年来学者关注的焦点，但是在机构投资者对经理行为的影响方面，存在较大的研究分歧。行为经济学的互惠理论为揭示机构投资者对经理的激励作用提供了一个新的研究方向。在对互惠理论相关文献的梳理中发现，互惠行为普遍存在于人们的经济交往过程中，行为经济学的互惠偏好假说弥补了传统经济学理性“经济人”假设对现实问题解释力的不足。机构投资者耗费成本利他是出于提高股东收益的考虑，这一动机和行为正是互惠理论内涵的体现——冒险降低个体适应度实施非亲缘利他行为是基于对日后回报行为带来利益补偿的期望。因此，从行为经济学视角解释机构投资者对经理管理防御的影响具有巨大的理论探索价值。

第 3 章

机构投资者互惠行为激励作用的理论分析

本章在上一章文献梳理的基础上，系统分析机构投资者对经理实施互惠行为能够产生激励作用的理论原理。第一，阐明机构投资者和经理之间的互惠关系对双方实现共同价值提升的重要性，指出在互惠博弈当中，机构投资者和经理的策略选择都是基于对信念的判断。第二，基于 Sahlins 对互惠的分类，解释机构投资者互惠行为的具体表现形式，及其对经理管理防御的影响。第三，分析机构投资者互惠行为产生激励作用的原因。一方面，从理性“经济人”假设出发，探讨人类自利本性的客观存在性，以及自利动机与互惠动机的天然统一，阐释机构投资者互惠行为发挥激励作用的经济学动因。另一方面，借助成就动机模型，从公司投资、融资和股利分配三方面分析机构投资者互惠行为影响经理决策选择的心理学动因。第四，从成本收益、机构投资者治理能力、信任和信息透明度四个方面，总结机构投资者互惠行为的影响因素。第五，归纳机构投资者对公司经理开展互惠行为所凭借的主要途径。

3.1 机构投资者互惠行为影响经理管理防御的概念模型

3.1.1 基于信念的互惠行为

大量有关互惠行为的文献总结得出：在合作当中，参与者要么选择不与对方合作，使自己获得更多私有收益；要么以某种代价让对方受益，使双方维持相对稳定的合作。具体地，在互惠博弈中，如果参与者发现对方在之前的互动中选择进行合作，那么他就同样也合作；如果对方在之前的互动中没有合作，那么他就选择不合作，这种策略被称为“以牙还牙”。众多实验研究结果表明，大多数参与者在博弈中都采用了这种“以牙还牙”的互动方式（Berg 等，2000；Thaler，1988；Güth 等，1982）[26][27][28]。在这种策略下，即使参与者都是自私的，合作也有可能出现并且持续下去。

那么，机构投资者和经理在经济交往过程当中，怎样通过互惠行为激励经理开展卓有成效的管理活动，降低管理防御，从而推动双方整体利益的提升？

在传统经济学中，经理通常被看作是自私自利的行动者。但是，即使经理所参与和主导的各项决策和经营管理活动发生在频繁变化的关系中，其也视自己为组织结构中相对稳定的一部分。经理有动机保证自身职位的稳定，且在自我认知、利益和情感基础上对各项决策行为作出选择。经理在公司当中所从事的活动是基于人员、知识和产品的交流开展的，而创建社交网络的能力是成为一个经理的关键先决条件，其和社交网络之间存在的所有交流过程中都隐含着互惠行为。经理需要将任务委托给可信赖的人，与供应商、员工和客户协商价格、数量、投入、产品和服务的质量，同时与投资者保持合作关系。因此，那些不愿依赖他人的经理，将无法开始经营自己的事业，而在一定程度上愿意信任并开展互惠活动的经理可能会承担较多的经营风险。Cable 和 Shane（1997）[190]认为，在积极的互惠条件下进行合作可能是经理获得风险资本或与大公司建立联盟的关键因素。所以，互惠是经理发展社会交往的必备条件之一，经理需要分析他人行动的意图，从而作出有利于为双方创造价值提升机会的决策，实现互惠共赢。

机构投资者与公司存在着缔结关系，其对经理实施互惠行为会影响经理的决策选择（李秉祥等，2015）[41]。在机构投资者和经理的互惠关系中，机构投资者对经理实施互惠行为，经理通过对机构投资者的行为进行分析，判断机构投资者是否具有善意或者恶意，进而选择相应的对策。首先，经理基于对机构投资者的了解，作出机构投资者行为存在善意或恶意意图的判断，进而了解机构投资者行为背后的信念。信念是意图产生的基础，作为经济个体对他人善意的判断，维系着互惠关系的存在。如果一个经济个体对互惠非常敏感，并认为合作伙伴的意图是善意的，那么他就会有更多的动力去努力维持这样一个互惠合作关系，甚至付出比他的合作伙伴所期望的更高的努力程度。相反，如果他相信其他成员的意图是恶意的，将会相应的产生反击的意图。换句话说，经济个体基于对其他成员意图的判断——信念，将有动机去匹配他人的意图，以避免从他人的行为中体验到不可靠或会遭受损失。其次，经理通过与机构投资者进行长期经济交往，彼此由善意的付出获得相互信任。信任作为经济个体的心理个性特征，涉及经理在多大程度上能够相信和依赖他人。信任是经理在业务过程中实现成功交换的重要前提，特别是当业务的法律环境、完整的契约不健全的时候。机构投资者和公司之间的商业关系不能只通过完全可执行的合同来保证，还需要通过与公司经理之间基于信任的互惠行为，才能保障是有利可图的交易。这个研究方向的早期证据是由 Porta 等（1997）[191] 提供的，研究证据表明，能够信任他人的创业者会为公司带来更具前景的发展机会。

综上所述，维持互惠行为存续，以及保持机构投资者互惠行为激励作用的主要因素是信念。那么，为机构投资者和经理植入互惠偏好，考察机构投资者和经理行为怎样受到关于对方的策略或者信念的影响，就显得十分必要。具有互惠动机的参与者会考虑博弈中对方行动的意图之后再决定自己的行动。评价一个人的行为是否友善，不仅建立在他自身如何行动上，也建立在他对自己行为会造成何种后果的信念上。本书将在完全信息条件下构建一个基于高阶信念的互惠博弈模型，探讨机构投资者互惠行为是怎样通过双方信念的判断，来影响双方的行为策略，具体如图 3－1 所示。

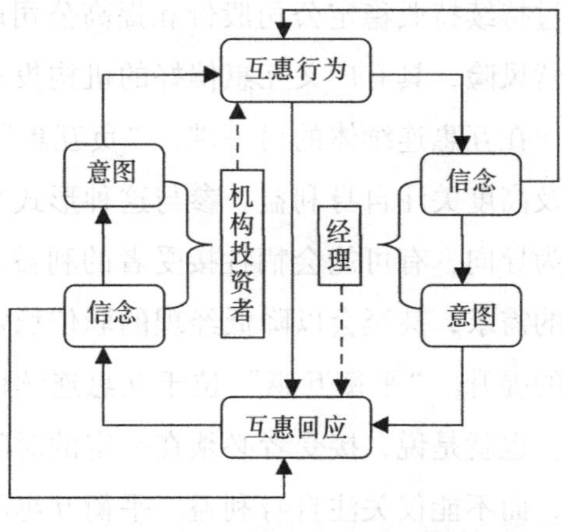

图 3－1　机构投资者和经理之间的互惠关系

3.1.2　互惠行为的不同表现形式及其激励作用

机构投资者互惠行为具体有哪些表现形式，又是怎样影响经理管理防御行为的？本书在 Sahlins（1972）[38] 所划分的互惠类型基础上分别就机构投资者广义互惠、平衡互惠和负互惠行为对经理管理防御的影响进行了分析。Sahlins 在广泛的文化范围内，建立了一个由三个相互作用的因素组成的数理模型，该模型对互惠理论的发展产生了深远的影响。第一个维度是“收益的即时性”，指的是初始提供商品或服务的时间与获得回报的时间之间的间隔，这一间隔有时几乎不存在，也就是付出与回报几乎同时完成，而有时则存在极大的不确定性。第二个维度被称为“回报的等价性”，表示参与交换的资源在价值上的相似程度。第三个维度是“兴趣”，代表着交换伙伴参与交换过程的性质，包括关注自身利益、关注共同利益及关注对方的利益。

这三个维度的不同配置产生了三种互惠类型，即“广义互惠”“平衡互惠”和“负互惠”。“广义互惠”指的是一种偿还期限不确定，回报金额不确定，以及对自身利益关注较低的互惠行为。在这种交换中，给予者是无私的，他们不要求接受者必须在预期的时间内以同样价值的商品或服务作为偿还。Sahlins 称之为“持续的单向流动”。广义互惠下，机构投资者会考虑到经理的需求，借助其信息、人才和资金优势协助经理开展各项决策活动，并且通过持续持股稳定公司股价和提高公司声誉。同时，即使公司存在较大的经营风险，具有广义互惠偏好的机构投资者也不会立即大量抛售股票套利，而在互惠连续体的另一端，“负互惠”的特征是要求及时、等价回报，以及高度关注自身利益。参与这种形式交换的给予者以寻求个人利益最大化为导向，有可能会牺牲接受者的利益。负互惠下，机构投资者不考虑经理的需求，甚至会以降低经理的职位稳定性或者权力为代价来获得自身价值的提升。“平衡互惠”位于互惠连续体的中间，反映对等资源的同时交换。也就是说，接受者必须在一定的时间内用同样的价值补偿他们的给予者，而不能仅关注自身利益。平衡互惠的双方是互惠互利的，他们之间进行的是具有“交换条件”的交易。实施平衡互惠行为的机构投资者渴望通过合作改善整体生存环境，其关注自身利益的同时，也对经理的需要给予同等的重视。机构投资者会借助其集中化干预力和控制力弥补公司现有监督管理体系的不足，提高信息透明度和信息传递效率，使其与经理之间形成一个相互依赖、相互制约的机制。

面对来自机构投资者不同类型的互惠行为，经理会相应产生两个对立的互惠动机，即积极的互惠动机和消极的互惠动机。积极的互惠动机是奖励那些对自己友好的人的意图；消极的互惠动机是惩罚那些对自己不友好的人的意图。经理的互惠回应行为受到基于意图所产生的互惠动机的支配。积极的互惠回应，即经理愿意承受一定的个人成本，以回报机构投资者对他的支持和帮助，即使这么做在短期内可能会减少经理的收益，如主动选择优质投资项目来提升公司整体价值，还利于机构投资者降低对短期利益的过度追求而重视公司的经营稳定性等。消极的互惠回应，即经理通过冒犯机构投资者来回应他们之前的过错，经理准备对机构投资者进行反击，如利用留存收益盲目扩大经营规模，以获取更多自利性收益，这可能给机构投资者造成更大的投资风险。并且，由于经理在和机构投资者讨价还价和交易的过程中保持了对回报的关注，可能会更容易发现机构投资者未能遵守平衡的负互惠行为（Sparrowe 和 Liden，1997）[192]。所以，从公司长远发展来讲，机构投资者负互惠行为不仅会减少经理的收益，还会导致机构投资者和公司之间合作的全面崩塌，从而加剧经理管理防御现象。因此，基于双方的交换，经理将认识到机构投资者的互惠行为是否友好，从而通过对公司各项经营管理行为和决策行为的态度进行调整向机构投资者实施互惠回应。经理的互惠回应行为是一项有代价的决定，不仅会对经理自身利益产生直接影响，而且会影响互惠双方的整体利益。以上叙述的内容用图 3－2 简化表示。

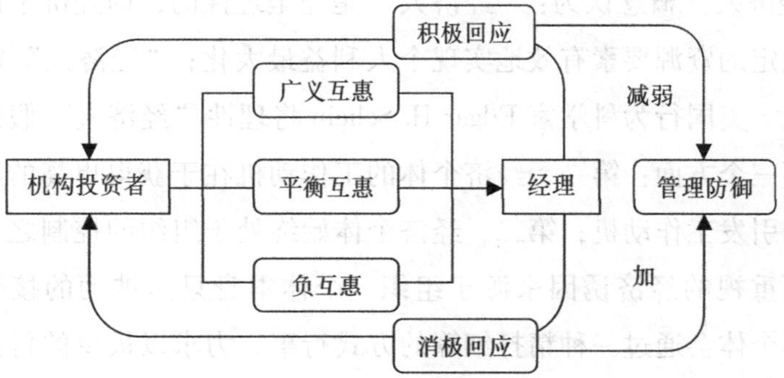

图 3－2　机构投资者互惠行为对经理管理防御的影响

3.2 机构投资者互惠行为激励作用的产生原因

3.2.1 互惠行为发挥激励作用的经济学动因

传统经济学以理性“经济人”为基础假设，认为经济个体追求个人利益最大化的过程就是经济社会趋向于达到均衡的过程，在这一过程当中，各种经济资源和社会福利都将达到最佳配置和扩张。1776 年 Adam Smith 在《国富论》中提出“经济人”概念，认为追求自身利益是人们开展经济行为的根本原因（Smith，1776）[193]。在近 100 年的发展里，理性“经济人”作为经济学的基础假设之一，得到不断地发展。以理性“经济人”为假设基础的主流经济学建立了逻辑严密的理论研究框架，在现代社会的经济分析和管理实践中占据主导性地位。“经济人”假设具有直观性和简约性特征，因而在此基础上建立的理论得到了迅速发展。随着经济学对人的本性认识的不断深入，在理性“经济人”假设之后，经济学研究当中还相继出现了“社会人”假设、“自我实现人”假设和“复杂人”假设等，然而这些假设都不能否认人的经济性和自利性的存在。新古典经济学派的理性“经济人”概念认为：“经济人”是完全理性的，即经济个体能够通过采用既定的资源要素有效地实现个人利益最大化；“经济人”能够获得完全信息。美国行为科学家 Edgar H. Schein 将理性“经济人”假设观点总结为以下三个方面：第一，经济个体的工作动机在于获得更高的收益，即经济诱因引发工作动机；第二，经济个体始终处于组织的控制之下，即经济个体所重视的经济诱因来源于组织，个体本身只是被动的接受者；第三，经济个体会通过一种精打细算的方式行事，力求以最少的付出获得满意的回报，即经济个体行动时会考虑成本收益因素。之后，新政治经济学对传统经济学的理性“经济人”假设进行了扩展，将这一经济学理论假设运用到除经济领域以外的其他领域，指出人们的所有活动都符合理性“经济人”假设所定义的内容，即人们在经济、社会等领域当中都是“理性”和“自利”的，并提出了用“实际人”和“现实人”替代“经济人”的观点，对人性当中的“自利”特征进行了应用范围的扩张。Williamson (1975)[194]在前人研究的基础上，提出了“有限理性”观点。首先，他指出“经济人”的理性是有限的理性，而不是完全理性；其次，“经济人”所面临的环境是信息不对称的；再次，“经济人”存在着机会主义倾向；最后，“经济人”必须受到制度的约束，否则无法保证组织利益的增长。

但是，正如Smith（1776）[193]所指出的，“自利”仅是人的本性的一方面，无论人们表现出怎样自私，也会或多或少地存在着关心他人命运和他人幸福的心理。尽管Smith已经较早地认识到了经济个体行为的复杂性，但是这一思想经过了数十年才逐渐被主流经济学接受。随着行为经济学下互惠理论的发展，Smith早在几十年前所提出的问题终于得到了验证。互惠理论认为，经济个体具有互惠动机，在追求自身利益最大化的同时也会一定程度地兼顾他人的利益，互惠在个人和集体的决策过程当中，起着至关重要的作用。互惠是人们在社会互动、经济交往过程当中所形成的基本规范。人们会因为收到礼物、获得让步、得到尊重等而感到满足，从而给予回报，也会因为受到威胁或攻击等而感到失望或愤怒，从而进行反击。同时，人们会因为自己的善意之举而感到高兴，也会因为自己未能履行义务而感到内疚（Rabin，1993）[14]。当人们意识到自己成为某种好处的受益者时，就会产生一种给予回报的心理压力，形成归还这一好处的意识，并乐于接受这样的“义务”。通过这种相互给予，人们建立起一种基于互惠机制的持续交往关系，将彼此连接在社会的情感网络当中。

互惠理论的建立和发展得益于博弈论研究工具。本书利用博弈论当中经典的囚徒困境博弈模型来解释互惠行为当中参与者“自利”动机与“利他”动机的统一。囚徒博弈当中，包括两个参与者，每个参与者都面临着两个选择，即合作与背叛。假设如果两个参与者都选择了合作，那么双方就会得到相同的收益R=3，即“合作的奖励”；如果一个参与者选择了合作，而另一个参与者选择了反击，那么合作者将无法获得任何收益，而背叛者则会得到收益 T = 5，即“背叛的诱惑”；但如果两个参与者同时背叛了对方，双方的收益都会维持在较低的水平，P = 1，即“背叛的惩罚”。参与者双方收益矩阵如表 3 - 1 所示。

表 3 - 1　　　　囚徒困境收益矩阵

		参与者 B	
		合作	背叛
参与者 A	合作	3，3	0，5
	背叛	5，0	1，1

从博弈矩阵上看，任何一个参与者在对方参与者的任何选择下都选择背叛，将会获得更高的收益。两个参与者都选择背叛能够使博弈达到纳什均衡。假设参与者具有完全信息，参与者 A 如果作为理性“经济人”，会有这样的考虑：如果参与者 B 选择合作，那么我也选择合作将获得的收益是 3，但是如果我背叛的话，将会获得更高的收益 5。所以，此时对我最有利的选择是背叛。如果参与者 B 选择背叛，那么我也选择背叛将获得收益 1，但是如果我选择合作，将不能得到任何收益。可见，无论参与者 B 的选择是什么，选择背叛都是对参与者 A 最有利的选择。同理，参与者 B 作为理性“经济人”，也会选择背叛。所以，博弈分析的结论是，参与者双方都会背叛，从而分别获得收益 1，虽然比共同合作所获得的收益 3 要低很多，但是这是每个参与者在完全信息条件下进行理性分析后所作出的“正确”选择。

然而，实际当中人们的行为和囚徒博弈分析的均衡结果有所不同。1979 年，罗伯特 · 阿克塞尔罗德设计了关于囚徒困境的实验。结果表明，在单次博弈的实验当中，参与者更多选择的是背叛策略，而较少选择合作。但是，一旦增加了实验的博弈次数，合作便在开始理性个体之间产生并发展。当博弈次数增加，“一报还一报”策略成为参与者的选择，即参与者会首先采取合作，如果对方同样选择合作策略，合作就会继续延续下去。但是，如果另一个参与者选择了背叛，那么他将面临的就是“以牙还牙”的反击，直到合作重新在双方之间建立起来。可见，参与者选择的是一种基于对方回报的合作策略，这符合互惠利他的行为内涵。互惠利他是以获得回报为基础的利他行为，不是纯粹的奉献。也就是说，互惠不仅不会使利益孤立化，而且会把个体的自身效用和他人的福利联系起来。

现实中，人们相互依存，为了完成生产活动，必须彼此进行交往。个人的行为常常具有外部性，即个人行为在对自身福利状况造成影响的同时，也会影响其他人的福利状况。在这种相互依存和相互作用的关系下，个人在行动时仅从自身效用最大化考虑显然是不明智的。行为经济学认为，经济个体并不完全以个人利益最大化为唯一的行动目标，尤其在社会物质财富相对丰富的现代经济社会，经济个体会一定程度地考虑到群体利益或他人利益（Rabin，1993）[14]。现代经济社会当中早已不存在的纯粹自我意识，经济个体的动机和行为都会受到复合型社会意识、经济意识的支配。经济个体的公平、互惠等非理性思想与利他思想一起，推动着社会经济的发展，并且在现代经济学研究当中占据着重要的地位。学者在博弈论和实验经济学框架下对涉及公司治理的一些互惠利他行为进行了研究。一些在传统经济理论框架下，用自利行为难以解释的现象，逐一得到了证实。礼物交换博弈、最后通牒博弈、信任博弈和公共产品博弈等涉及的利他行为，均能够采用互惠理论解释（Berg等，2000；Thaler，1988；Güth等，1982）[26][27][28]。

当然，行为经济学并非倡导无原则的利他主义，而是认为过度的利他主义必然导致经济社会的无效率运行或低效率运行。“自利”与“互惠”并不是截然相对的矛盾物。利己也即利他，利他也即利己。利己不是严格地避免利他，利他也无法彻底不去利己，利己与利他虽然时常会产生冲突，但从根本上讲，两者并无矛盾，而是相互包含的。利他的基础是利己，利己的结果是利他，利他要以唤起人们的利己心来实现。因为利他产生于对他人的需要，没有人可以完全脱离他人而生存。

构建有效公司治理机制，降低经理管理防御行为，需要经理与公司内外部利益相关者之间的合作。在传统经济学的理论框架下，同样存在合作，只不过这种合作是被动的合作，或者说是消极的合作。首先，合作需要道德约束。在现实经济生活中，作为一种社会意识，经理的道德受到社会关系、舆论和声誉的制约。公司内部各成员、公司外部各利益相关者和其他潜在合作者的监督都会对经理形成道德约束。但是，在公司信息披露程序和市场信息传导机制不完善的情况下，以信用为核心的道德建设相对滞后，道德所起到的约束作用十分有限。其次，合作需要契约约束。契约理论认为合同是缔结关系的关键，公司存在着经理在资产和现金流上的剩余索取权，从而经理才能获得努力经营公司的动力。契约理论的实践和发展对于促进公司治理水平的提升作出显著的贡献，然而现实中，契约理论的实施会遇到一些障碍和压力，一方面来自实施契约过程中形成的复杂成本；另一方面来自不完全信息条件下经理行为的隐蔽性。最后，合作需要法律保障。完备的法律规范体系是市场经济良好运行的基本保证，法律在对违法者进行制裁的同时，也给意欲不轨者以警示。但是，毕竟法律是以事后惩罚为主，依靠法律制裁促进经济个体之间产生合作具有明显的局限性，尤其是在法律制度不完善时，更是如此。可见，在理性“经济人”假设下对经理管理防御进行研究，虽然在简约性、解释性方面是成立的，但是相关研究结论只在经理个人行为没有外部性的情况下才可能符合实际。

在行为经济学框架下，考虑到经理行为常常具有外部性，其行为不仅受到自身福利状况的影响，而且公司内外的各利益相关者的行为也对其福利状况产生影响。互惠理论认为，在经济个体之间行为的相互作用下，仅考虑自身利益从长远来看是不理智的。互惠也需要通过合作来实现，并且互惠所涉及的合作是积极的合作。阮青松和狄瑶（2008）[195]采用信任博弈实验，证实经理的自利和理性特征。实验结果发现，参与者并没有表现出纯粹的“自利”特征，也不是足够“理性”的，而是愿意付出一定的成本来获得他人的认可。除了自身利益以外，他们还会关注实验当中其他参与者的利益，表现出对其他参与者的信任。这一实验结果说明，虽然自利性特征是经理开展一切活动的诱因，经理在面临给定的约束条件下会最大化自身利益，但是这并不会妨碍其开展合作和互惠行为。在公司治理中，除了契约、法律等制度约束条件之外，互惠动机使得人们渴望被信任，并愿意向他人施以善意。互惠行为的表象是利他，实质是基于对日后获得回报的预期，自利才是互惠的最终目的。与传统经济学所构建的理论体系的区别是：互惠理论是建立在参与者重复博弈的基础之上的。在该理论体系下，人们对自利性偏好的需求不再局限于当下这一特定的时间点，而是延伸至互惠双方长期重复博弈的时间轴内。互惠理论所描述的行为的表象是付出，实际上同样期待回报。

经理的“自利”特征不仅是经理管理防御产生的根本原因，也是机构投资者互惠行为能够对经理产生激励作用的原因。一方面，经理开展管理防御行为的根本原因就是为了实现个人利益最大化，符合传统经济学对经济个体“自利”特征的定义。代理理论认为，人们的“自利”和“有限理性”特征会影响经理通过财务决策在内的各项经营管理活动做出有利于实现自身利益最大化的行为，这也是公司内外部治理机制存在的原因。另一方面，李秉祥等（2015）[41]研究证实了上市公司机构投资者确有参与公司治理的动机，其对经理实施广义互惠行为能够显著提升公司的投资效率，这是由于机构投资者能够凭借其资金、信息优势为经理提供有益建议，有助于经理减少决策失误，降低公司经营风险。同时，机构投资出于长期战略发展考虑稳定持股，有利于维护经理的声誉和职位安全，从而强化经理对未来获得稳定回报的良好预期。经理出于维护经营稳定，维持与机构投资者良好战略合作伙伴关系的目的，可能会放弃能够立刻实现自我利益最大化的管理防御行为，而选择维护长期利益的稳定。

同时，从机构投资者的角度来看，机构投资者在资金拥有量、技术专业程度和社会声誉等方面，相较于中小股东都处于优势地位。机构投资者是否选择采取股东积极主义行为，参与公司治理当中，取决于机构投资者对收益和成本的权衡，即机构投资者在行动之前需要考虑“自利”方面的因素。机构投资者凭借其大股东身份参与公司治理当中，对公司经理薪酬、投资决策、股利政策、盈余管理等进行监管，促进公司股价的上涨和业绩的提升。机构投资者在此过程当中付出成本，是出于对公司股价上涨、业绩提升所带来的利润分享的需要，既是“利己”，也是“利他”。

因此，互惠理论并不是对传统经济理论中“经济人”的“自利”特征的完全推翻。然而，从更广泛的角度来看，“自利”仅是人们本质特性的一个方面，只是对复杂经济社会中人们的动机和行为具有代表性特征的理论抽象。虽然经理具备自利性特征，但是由于经济活动涉及各种生产要素的交换，从而无法割裂与利他特征的联系，因此经理在从事经营管理或财务决策时必然受到利己和利他两重性的影响。等价交换和互惠互利等价值交换规律引导经理尊重他人利益，在追求个人利益最大化的同时不可忽略组织利益。行为经济学认为，经济个体并不完全以个人利益最大化为唯一的行动目标，尤其在社会物质财富相对丰富的现代经济社会，经济个体会一定程度地考虑到群体利益或他人利益（Rabin，1993）[14]。现代经济社会中不存在具有纯粹的自我意识的经济个体，个体的行为往往受到复合经济意识的支配；公平、互惠、利他等非理性思想共同支配着经济个体的行为，也是推动社会经济发展的现实性社会意识（蒲勇健，2007）[47]。互惠指的是经济个体损失自身当前的利益来改善他人的福利状况，期待他人日后能够给予自己同等价值或更多的经济回报，从而改进组合体的整体收益。因此，对行为经济学中互惠偏好的认可并不是对传统经济学中“自利性”假设的推翻，而是对“自利性”假设研究的进一步发展和延伸。互惠理论是传统经济学和行为经济学的共同发展的结果，是两者的统一。

3.2.2 互惠行为发挥激励作用的心理学动因

由于经理实施管理防御行为具有隐蔽性，其开展某一行为的真实动机往往不容易被观察到。所以，借鉴心理学有关理论对经理管理防御动机和行为进行分析，有助于理解机构投资者互惠行为对经理产生心理影响从而降低管理防御的过程，加深对机构投资者互惠行为激励作用的认识。

心理学是研究个体心理活动规律的科学，在许多交叉学科领域被用于分析个体心理特征与行为表现之间的联系。现代心理学理论的研究表明，动机是个体行为产生和维持的根源，也是个体朝向某一目标行动的内在动力，是个体为了达成某一特定目标而行动的内在原因。著名的 Atikinson 的期望价值成就动机模型对个体行为的形成过程进行了概括，图 3－3 对该模型的主要思想进行了抽象概括（Atkinson，1964）[196]。

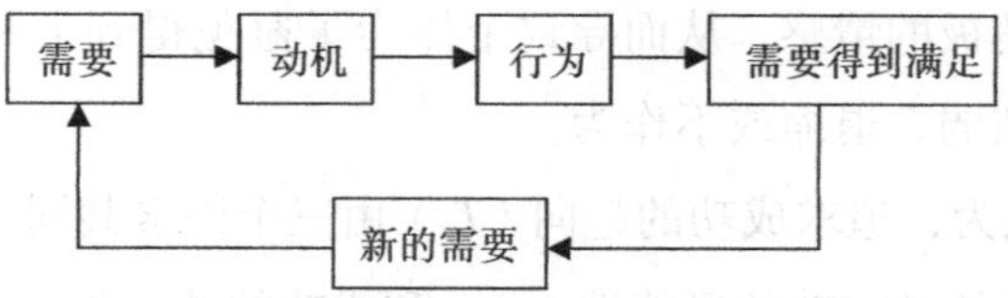

图3-3　行为的形成过程

期望价值成就动机模型显示，行为是由动机决定和支配的。当个体产生了需要，并且需要尚未被满足时，内心就会产生不安的情绪。为了降低或消除这种不安的情绪，个体会产生主动寻找满足需要的机会的动机，这一动机会支配个体进行满足需要的行为。当个体的需要逐步得到满足，满足需要的动机会随之减弱，直到需要完全被满足，个体的不安情绪也随之完全消除，接着，产生出新的需要，进而产生新的动机并引发新的行为。

根据动机的起源可以将动机分为生理动机和社会动机，社会动机中成就动机和交往动机被认为是两种最主要的动机。其中，成就动机是促使人们努力学习或工作并追求学业、事业获得肯定的内在动力。成就动机方面研究的著名学者 Murray 指出，成就需要就是人们通过努力来施展才干、克服障碍，力求妥善解决某一难题的内在心理需求。1953 年，美国心理学家 McClelland 和 Atkinson 在他们的著作《成就动机》一书中指出，成就动机是任务获得成功的内部动因，是激发人们经过努力取得任务成功的内部推动力。具有成就动机的人们有着肯定自我的能力，愿意为有价值的事情付出努力，并认为自己的努力对任务完成至关重要。随后，McClelland 将研究重点集中在个人成就动机对宏观经济问题的影响，而 Atkinson 对成就动机的特征、成就行为的认知和归因、成就行为的发生和发展机制等微观领域展开研究。

Atkinson（1964）[196]认为，个体的成就动机是由追求成功与避免失败这两种稳定的倾向组成。追求成功的动机由趋向成功的诱因所导致，避免失败的动机由害怕失败的诱因所导致，两者的诱因有所不同。具有追求成功动机的个体期望实现由成功所带来的自豪感、愉悦感、满足感等积极的情感，从而促使个体为了实现目标而不断努力，表现出强烈的进取心和较高的工作效率。具有避免失败的动机的个体，担心遭遇失败后感到失望、羞愧、内疚等消极的情感，从而导致个体为了避免得到失败的结果而回避目标，表现出懦弱、退缩或不作为。

Atkinson 认为，追求成功的趋向（T_S）由三个因素共同决定：希望成功的动机（M_S）、任务成功的可能性（P_S）和成功的诱因价值（I_S）。用公式表示就是：

$$T_S = M_S \times P_S \times I_S \tag{3.1}$$

同样，Atkinson 认为避免失败的趋向（Taf）也是由三个因素共同决定：避免失败的动机（Maf）、任务失败的可能性（P_f）和失败的诱因价值（I_f）。用公式表示就是：

$$Taf = Maf \times P_f \times I_f \tag{3.2}$$

如果个体处在一个成就导向的情景中，两种倾向可以同时被唤起，成就动机的合成可以设想为趋向成就活动的倾向与回避成就活动的倾向在强度上的相减关系，即行为的合成动机用公式表示为：

$$T_A = T_S - Taf = M_S \times P_S \times I_S - Maf \times P_f \times I_f \tag{3.3}$$

Atkinson 认为 P_S 与 I_S 是相反的关系，即 $I_S = 1 - P_S$；同样的 $P_f = 1 - I_f$。对于同一个任务，个体预期成功的概率越高的时候，失败的概率就低，因此，$P_S = 1 - P_f$。通过代换可得 $I_f = P_S$，代入合成公式：

$$T_A = (M_S - Maf) \times P_S \times (1 - P_S) \tag{3.4}$$

从公式可以看出，合成的成就动机的强度依赖于 M_S 和 Maf 的强度以及个体对任务成功可能性 P_S 判断。当经理面临决策时，是选择符合公司和股东价值最大化的决策还是选择有利于自身利益的决策将根据合成动机 T_A 的方向确定。追求成功和避免失败的动机同时影响经理的决策，当 $M_S > Maf$ 时，经理将采取使公司价值最大化的决策行为；$M_S < Maf$ 时，采取职位固守的管理防御决策行为。其中，任务成功的可能性 P_S 来自经理对任务可行性和风险性等综合判断的结果。

经理具有追求成功的动机 M_S，意味着经理期待通过努力开展经营管理工作，实现股东价值最大化并得到股东和市场的认可，从而获得更高的薪酬、更大的权力和更良好的声誉，由此获得自豪感和满足感。经理具有避免失败的动机 Maf，意味着经理期望通过不作为、退缩来规避经营风险，以避免经营业绩下滑而导致的降薪、解聘等惩罚，或者期望通过主动开展管理防御来避免被替换。虽然一般情况下成就事业是企业家的本能，这种动机对经理的行为有着重要的支配作用。人们对工作成果中凝结的个人贡献体验越强烈，成就感就越强烈。经理在团队中的地位、工作中自主性明显高于普通员工，从心理上讲，经理从工作中获得的成就感是普通员工无法比拟的（李秉祥等，2014）[127]。但是，在现实中，经理可能面临来自公司内部控制机制的制约和公司外部市场的兼并威胁。经理一方面需要应对董事会的要求，以防止被解雇或调离。另一方面，还要考虑如何在公司外部兼并和接管压力下维持自身的利益不受威胁。因此，虽然经理有着强烈的渴望成功的动机，并愿意为之付出持续的努力，但是在公司内外部压力下，经理也具有害怕失败的动机。经理失去职位不仅意味着将丧失由职位所带来的权力、薪酬和在职消费等福利，还会对经理声誉造成不小的损害，造成转换工作成本上升，影响今后的职业生涯发展。因此，经理同时存在渴望成功的动机 M_S 和避免失败的动机 Maf。其中，避免失败的动机 Maf 是导致经理管理防御行为的原因。在公司内外部威胁对经理产生的心理和经济的双重压力下，经理将产生强烈的避免失败的动机，并采取管理防御行为以避免被撤换的结果。

当经理面临投资决策时，追求成功的动机和避免失败的动机同时影响经理的决定。经理不仅需要正视项目可能带来的收益，还要面对其可能产生的风险。作为具有成就心理活动的经理，具有强烈希望项目获得成功的动机，在这一心理动机的作用下，经理会表现为更多地考虑股东的利益，会选择能够实现公司股东利益最大化的项目投入资金；但是与此同时，经理也具有害怕失败的动机，在这一动机的作用下，经理不仅会谨慎考虑项目本身的运行结果，还会出于维护自身职位稳定性的目的选择风险较低的次优项目，甚至一些净现值低于零却有利于实现“经理帝国”目标的项目。如果这时，机构投资者能够给予经理这样的安全感：即使项目出现一些不可预知的问题，他们也会首先采用私下协商的方式给予经理有益的管理建议等帮助，而不是直接大量抛售股票套利。同时，机构投资者会为经理的投资决策提供信息支持，使投资规模和投资方向趋于合理化。机构投资者向经理施以善意，一方面使经理所面临的来自项目不确定性的威胁降低；另一方面提高经理投资决策的科学性，从而提高项目获得成功的可能性 P_S，这使经理的渴望成功的动机 M_S 被激发，而避免失败的动机 Maf 降低，当 $M_S > Maf$ 时，经理将减少管理防御行为，选取有利于实现公司价值最大化的决策行为。

在公司的资本结构调整问题上，经理会倾向于让公司维持在较低的负债水平上（Jensen 和 Meckling，1976）[69]。因为负债融资给公司带来了一定的还本付息压力，无形中增加了公司的财务风险，当公司由于经营业绩不佳而违反债务契约时，债权人将有可能通过重组或者清算来行使债权人的权利，此时经理可能面临着被解雇的威胁。经理不希望因偿还利息而支付大量的现金，也害怕因为债务问题造成公司破产，公司破产不仅是对经理管理水平的否定，而且会造成经理声誉的降低，经理转换工作成本的提高，以及对经理未来职业生涯发展产生不利影响。并且，公司的负债水平越高，经理所受到的来自债权人的制约就越大。由于机构投资者可以通过投资组合降低或者基本消除行业或公司风险，所以机构投资者对被投资公司财务风险的承受能力较强。在公司偿债能力较好的情况下，机构投资者愿意让公司充分利用财务杠杆带来的好处。一方面，机构投资者将精力集中于帮助经理进行产品和市场开发、人员培训、技术创新以及长期增长等战略选择来强调公司长期业绩增长，经理由于债务违约所引起的离职风险降低，从而经理获得成功的可能性 P_S 提高。另一方面，在机构投资者给予经理信任、支持和帮助的情况下，经理会对公司未来收益评估更为乐观，从而降低对公司债务问题的担忧。所以，在公司资本结构调整问题上，机构投资者互惠行为是通过增加经理获得成功的可能性 P_S，以及减轻经理对未来遭受失败的担忧，降低经理避免失败的动机 Maf，从而抑制管理防御行为的产生。

在公司现金股利发放问题上，当公司拥有大量自由现金流时，股东和经理往往持有不同的态度。股东倾向于进行现金股利分配，从而使得自由现金流通过利润分配的方式返回给股东，而经理则倾向于将这些自由现金流留存下来，以备日后有机会对组织进行规模扩张。只要有利于经理对个人控制权的要求，其甚至愿意将资金投入一些收益较低的项目，也不情愿交还这些资金（刘星等，2004）[91]。股东和经理之间发生利益冲突的原因在于：经理难以通过努力工作来获得公司的剩余收益分享权，导致其在管理当中过分关注个人收益状况，出现消极管理甚至赚取公司资源的行为。不过，经理作为拥有强烈成就动机的人群，通过降低公司现金股获取更多现金流的支配权仅能扩充其物质收益，而无法满足其渴望成功的动机。机构投资者不仅为被投资公司提供资金支持，还会以其作为专业投资者所积累丰富信息和管理经验为经理日常经营管理和重大决策给予帮助。在机构投资者互惠行为的影响下，经理开展投资活动和进行其他管理决策的科学性提高，取得成功的可能性 P_S 也增大，经理渴望成功的动机 M_S 被激发，而避免失败的动机 Maf 得到抑制。因此，经理不再执着于通过减少现金股利支付获取的自由现金流来营造“经理帝国”，稳固自身地位。同时，在经理与机构投资者的多次博弈中，能感受到来自机构投资者的善意，经理在互惠动机驱使下会将现金股利维持在相对合适的水平上，通过股利宣告向外界传递公司经营状况良好的信息，稳定公司形象，进而促进公司股价稳定，还利于机构投资者。

因此，机构投资者通过实施互惠行为提高经理获得成功的可能性 P_S，激发经理追求成功的动机 M_S 和抑制避免失败的动机 Maf，从而起到降低经理管理防御的作用。

3.3 机构投资者互惠行为发挥激励作用的影响因素

3.3.1 成本收益

经济交流涉及明确的、通常是以合同方式或在货币支付的过程中产生的，机构投资者和经理之间的经济交流除了合同约束以外，主要以互惠互利的原则为指导（李秉祥等，2015）[41]。互惠互利是维持未来经济交换的必要条件。如果背离了该原则，机构投资者和经理通常会通过一些可以被利用的决策机会使自身获得不相称的利益，导致对方无法从合作中获得即时的有形收益，这可能引起双方合作关系出现过早失败的风险。互惠互利原则基于长短期成本收益平衡的考虑，能够保证利益的分配与合作伙伴的贡献成比例（Axelrod 和 Hamilton，1981）[23]。机构投资者以耗费一定的成本作为代价参与公司治理，会获得由公司业绩提升、股价上涨所带来的相应的收益。这符合互惠理论所指出的，经济个体会以暂时降低自身福利水平为代价去帮助他人提高福利水平，期待日后能够获得来自受益者的回报，从而提高双方整体利益。Rabin 构建了包含互惠偏好的博弈模型，认为具有互惠偏好的参与人的收益包含物质收益和互惠心理收益两部分。因此，机构投资者向经理实施互惠行为，是建立在互惠偏好下平衡了成本收益之后的选择。当机构投资者实施互惠行为所获得的收益大于成本时，其才会对经理实施互惠行为。反之，如果机构投资者认为实施互惠行为的收益小于成本时，就不会对经理实施互惠行为。Shleifer 和 Vishny（1986）[6]指出，包括机构投资者在内的少数大股东，能够积极监督经理的表现，并且在必要的时候推进公司政策的改善。机构投资者愿意这么做，因为他们在该公司的股权回报高于监控和干预的成本。Gillan 和 Starks（2003）[197]认为，机构大股东有动机积极监控他们持有股票的公司，因为如果他们抛售股票，股价就会下跌，从而造成损失。流动性限制可能是机构投资者通常不采取退出策略的原因，他们更倾向于使用声音激进主义来确保更大的投资回报。因此，机构投资者选择参与公司治理或出售股票，是成本收益权衡的结果（Kahn 和 Winton，1998）[144]。

在成本方面，机构投资者首先要比较“用手投票”策略和“用脚投票”策略的成本差异，当机构投资者的持股份额较大，其变现行为可能造成股价大幅下跌，不但给公司带来巨大的市值损失，机构投资者自身也将承受高昂的成本。其次，要关注治理成本的消化程度。如果机构投资者持股份额较大，且公司的股东数量较少，那么机构投资者介入公司治理的沟通成本将会比较小，其采取股东积极主义行动的可能性更大。并且，如果单个机构投资者的股权不够大，不足以单独行动，机构投资者之间能够相互合作，形成联盟，以稀释监控成本。最后，要考虑治理成本的递减程度。Hansen 和 Hill（1991）[198]认为，机构投资者参与公司治理的成本会随着对公司治理活动了解的深入而逐渐减少。Harford 等（2017）[199]认为，对于更长时间的投资者来说，监控成本更低，收益更高，因此他们进行更大的监控。在收益方面，要平衡物质收益和互惠心理收益。机构投资者可能获得物质收益主要包括经济收益、信息收益和风险收益（许绍双和田昆儒，2011）[200]，而其心理收益来源于对被投资公司未来业绩上升所带来更多利润分享、更高声誉的期待。其中，经济收益指公司股价持续增长给机构投资者带来的财务收益、稳定分红，以及其投资成功所带来的行业内声誉的提高。信息收益指的是机构投资者在参与公司治理过程中获得的上市公司很少披露的非财务信息数据，及公司内部价值信息（包括公司核心竞争力、渠道、人力资本、无形资产等），了解这些信息有助于改善投资者利益受损局面。风险收益指机构投资者在帮助提升公司决策质量的同时，也降低了自身的投资风险。

3.3.2 机构投资者治理能力

唐松莲等（2015）[141]研究指出，机构投资者发挥良好治理作用不仅取决于其治理的动机，还取决于其参与治理的能力。Boone 和 White（2015）[201]发现更高的机构所有权与更大的管理信息披露和更低的信息不对称有关，说明机构投资者的治理能力取决于投资规模。公司股东所持有的股份是其行使股东权利（控制权与所有权）的基础（Kochhar 和 David，1996）[140]。机构投资者只有拥有足够的股权，才能在面临重大决策时具备与经理开展协商和沟通的机会，其对经理的互惠行为才能够发挥相应的激励作用。

首先，高持股规模会使机构投资者受到流动性限制，从而不得不参与公司治理以保障利益不受损失，尤其当被投资公司业绩不符合投资者预期时。Shleifer 和 Vishny（1986）[6]、Grossman 和 Hart（1986）[70]认为，持有较大股权份额的股东具有监督公司经理的动机，由于其股权的规模和与市场退出相关的惩罚，更有可能持有他们的股份，有更高的激励监督被投资公司。并且，大股东监控公司能获得比小股东更能获得较大的回报。因此在很大程度上，大股东专注于公司的长期成功，他们可以通过鼓励经理投资于长期盈利能力来控制管理短视。并且，持股规模较大的机构投资者的股权变动可能会对公司的股价造成一定的影响，进而影响在任经理的经营业绩和职位安全。机构投资者在信息搜集基础上分析行情和判断走势，通过买入和卖出调整持有，这可能对经理的职位稳定性、薪酬、声誉等产生影响，经理会根据机构投资者行为是否包含恶意，调整管理防御策略。

其次，巨大的持股规模也使机构投资者拥有了与公司内部人博弈的能力，公司的内部人既包括股权集中情况下的大股东，也包括股权分散或者所有者缺位情况下的强势经理。"一股独大"的股权结构是中国许多上市公司存在的现象，第一大股东具有在公司中的相对甚至绝对控股地位。但是，由于中国上市公司治理环境的特殊性，我们绝不能简单地认为控股股东就能够掌握公司的财务决策。事实上，国有上市公司"所有者缺位"使得经理受到的监督非常有限。具有一定持股规模的机构投资者有能力将分散的中小股东集中起来，作为中小股东的代理人参与公司治理。机构投资者积极监督的一些例子包括积极投票，提名董事会成员，要求更多关于该公司的信息，在发现负面的公司治理行为时提醒市场，并要求发展良好的公司行为。这一方面有助于公司形成制衡的股权结构，打破大股东对股东大会、董事会、经理层等的垄断；另一方面，能够对经理形成有效的监督和约束。伊志宏和李艳丽（2013）[149]认为，机构投资者的持股规模会影响股票流动性和监督成本，同时，影响着机构投资者在被投资公司的影响力以及对其他股东的制衡力。进一步，孙光国等（2015）[143]理论分析指出，机构投资者治理作用的发挥依赖于均衡的股权结构，大股东的存在限制了机构投资者治理作用的发挥，尤其当大股东持股比例高于50%时，机构投资者无法与其抗衡，且实证检验结果显示，随着机构投资者持股比例的增长，其逐渐由消极股东向积极股东转变。所以，持股比例较高的机构投资者由于能够在公司当中获得相应的话语权，对大股东形成制衡，对经理形成监督，从而机构投资者对经理实施互惠行为能够对经理的现实利益产生实际影响。

最后，当机构投资者所持股份达到一定的规模，其监督就会出现规模经济效益（Black，1992）[12]。对于一些持股水平受到法律限制的机构投资者（如我国的证券投资基金），其持股较为分散。即使在对单一公司的持股水平没有受到法律限制，机构投资者也会为了保持流动性和防止系统性风险而选择分散投资。机构投资者的优势在于能够集合中小股东的分散股份，加强自身谈判能力。所以，被投资公司的机构投资者数量越多，总体持股规模就越大，机构投资者越容易实现规模经济收益。因此，机构投资者的数量和总持股水平共同反映了机构投资者的持股规模，机构投资者的持股规模越大，从公司业绩提升中获得的价值增值就越多。

综上所述，随着机构持股水平的逐步上升，其参与公司治理和实施监督的边际收益增加而边际成本逐步降低，与经理的讨价还价的能力越来越强，这时经理才有可能在进行决策时考虑到各决策选择对机构投资者利益的影响，以及对双方合作关系的影响。因此，机构投资者只有具备参与公司治理的能力，其互惠行为才能够对经理发挥出有效的激励作用。

3.3.3 信任

互惠是被信任的一方对信任的回应。如果机构投资者和经理认为互相之间经济合作的目的只是获得立即且有形回报，那么双方就会失去对长期利益的关注，并在公司不确定性和风险较高的情况下会决定放弃合作（Kanagaretnam 等，2010）[202]。所以，作为构建良好互惠关系的开始，互惠双方关系的对等至关重要，即机构投资者和经理要建立信任，并采取与双方长期价值最大化协调一致的努力。为了确保互惠合作的存续性，一方面，机构投资者必须认识到，为了长期利益和承诺而牺牲潜在的短期利益是合理的。另一方面，经理必须相信，机构投资者将维持和公司的投资关系，维护经理的利益。这就需要机构投资者和经理在长期经济交往基础上建立一种相互信任关系，使机构投资者和经理能够从共同的资源和利益中相互受益，从而提高他们的综合收益和经济潜力。

众多学者普遍认为，信任能够刺激个人、团体和组织之间产生互惠行为（Axelrod 和 Hamilton，1981；Schoorman 等，2007）[23][203]。首先，相互信任减少了机构投资者和经理之间由于公司经营状况的不确定和信息沟通不畅所带来的风险，进一步减少了机构投资者对市场不确定的恐惧和经理的机会主义行为（Villena 等，2011）[204]。因此，信任规范了互惠关系，有助于互惠双方开展长期合作，这对于互惠关系的进一步发展非常重要。其次，机构投资者和经理之间的信任是建立在正式的制度化结构之上的，是对合同义务的补充（Mavondo 和 Rodrigo，2001）[205]。当存在的信任有限时，互惠双方通常会在发展关系时关注高风险溢价。然而，基于一定程度的信任所做的努力可以使关系朝着承诺的方向发展。因此，建立信任或至少了解信任程度对于引导机构投资者和经理之间的长期合作是非常有价值的。

3.3.4 信息透明度

在公司的实际决策环境当中，信息并不是完全透明的。经理拥有股东无法得知的独有信息，股东无法准确地衡量经理的工作成果与所付出的努力之间的联系。这种现象被称为“信息不对称”。因此，股东和经理天然存在着利益上的冲突，当公司经理和股东的目标出现背离，开展公司日常经营管理活动的经理具有股东无法得知的信息，同时股东也无法对经理的管理工作作出准确的评价，这就有可能为经理管理防御行为提供机会。要回避由于非对称信息所产生的经理管理防御，关键是要设计完善的公司激励契约，而契约又不可能是绝对完备的，契约也无法避免信息不对称对约束效果的影响。Winter（2010）[206]指出，最佳的激励机制是，该机制在不同的信息条件下都能够激发人们的努力。在该机制中，每个成员都能够获得系统整体生存状态提升所带来的好处，而互惠行为就能够为给予者和接受者营造这样一个良性系统。

互惠理论所定义的是：合作会引起合作，而非合作导致非合作。这样的假设基于人们完全了解其合作伙伴过去的合作。在大多数的研究项目中遵循博弈论的传统，参与者都拥有关于不同选择结果相关成本和收益的完整信息，且在重复的互动中，参与者通常也有关于其他参与者过去所作选择的确切信息。例如，在囚徒困境中参与者了解双方的选择结果和收益函数，基于此作出合作或不合作的决策。相比之下，在现实生活中，策略选择和实际行为远远没有理论研究中所假设的那么显而易见。机构投资者和经理之间是松散的关系，他们是通过资本、不完全契约集聚在一起，极易受到公司内外部环境当中不确定因素的影响。一方面，机构投资者可能有时无法了解到财务报表以外的公司经营和现金流的真实状况。另一方面，经理也无法对机构投资者的私下协商、联合行动等行为做好提前准备。他们在彼此的互惠合作中，接收到的信息是不完全的。这时，公司的信息传输透明度就会影响到互惠双方对未来的预测，从而影响互惠行为的选择结果和最终的激励作用（Church 等，2005）[207]。

由于技术的互补性，如果能观察到他人的付出，则可以激励观察者也作出贡献，从而反过来再次激励被观察者也作出努力，互惠关系就这样得以维持（Steiger 和 Zultan，2014）[208]。在公司治理当中，机构投资者和经理存在技术互补性，机构投资者掌握着资金，具备比经理个人更丰富的管理经验；经理掌握着公司的部分决策权和控制权，拥有外部投资者难以直接获取的公司内部信息资源。同时，他们能够在彼此的配合和支持下实现整体利益的增长。正是在信息透明度比较高的情况下，机构投资者对经理实施互惠行为，经理能更容易观察到该行为，并通过减少管理防御作为回报，他们之间技术的互补性能使得这一互惠博弈达到均衡，而在信息透明度比较低的情况下，基于机构投资者互惠行为的激励机制仍然能够发挥作用。Winter（2010）[206]指出，在信息透明度较低的情况下，互惠行为的激励效应可以借助信息链完成。如果 i 能够观察 j，j 能够观察或者反映 k，无论 i 是否观察 k，都不会影响最佳机制。也就是说，当信息透明度较低，经理无法对机构投资者行为作出准确判断的情况下，可以借助信息链当中的其他因素对机构投资者行为是否具有善意作出判断。例如，经理可以借助股价机制观察机构投资者持股稳定性，从而分析机构投资者行为中包含的善意或者恶意。但是，在信息透明度比较低的情况下，互惠双方的信任将会出现一定的减损。Cox 和 Deck（2006）[209]在一个信任博弈中，引入不完全信息。他们指出，不完全信息环境下，互惠行为所包含的善意和信任将不能被对方完整的感知。因此，中国证监会所要求的强制性信息披露是公司与其他利益相关者构建互惠关系的基础，经理可以通过加强披露来获得机构投资者对公司的信任。

以上分析揭示了在不同程度的信息透明度的条件下，通过对机构投资者互惠行为所包含的善意的信息传输，发挥机构互惠行为对经理的激励作用。但是，机构投资者的互惠行为也不仅具有善意的表达，还可能包含对经理的恶意。如果信息透明度较低，经理无法了解机构投资者的行为方式和明确意图，具有互惠偏好的经理作为互惠行为的观察者，同样有可能通过降低自身管理防御行为来对机构投资者形成反向激励。因此，在信息透明度很低，信息传输不顺畅的环境下，经理所具有的互惠偏好特性能够掩盖机构投资者负互惠行为的消极作用。但是，一旦信息透明度足够清晰，经理发现机构投资者作出威胁其职位安全的行为，就会加强管理防御行为来保护自身利益。也就是说，在机构投资者的互惠行为中包含恶意的情况下，提升信息透明度不利于发挥机构投资者互惠行为积极效应。

3.4 机构投资者影响经理行为的途径

在公司内外部压力下，经理往往会表现得“短视”，通过增加短期价值，向利益相关者提供公司效率的信号，或者构建“经理帝国”来保障自身的职位稳固性。大多数经理人承认他们愿意为短期利润牺牲长期股东价值。经理的管理防御行为会导致公司资源配置效率低下（张海龙和李秉祥，2010）[95]。大型机构股东可能有强烈的动机来干预公司的事务，主要有两个原因：一是由于机构投资者具有集中的股权，可以克服与提升公司价值的政策的变化和启动有关的“搭便车”问题。二是机构大股东可以通过个人和商业联系更容易获得公司管理方面特定的信息，因此，机构投资者可能通过给经理施加外部压力来非正式地影响经理的决策。正如Ferreira和Matos（2008）[175]所指出的，全球资本市场的一个关键因素是机构投资者越来越重要，这表明他们的存在对经济发展至关重要。

因此，机构是否能够影响经理的决策，从而对公司绩效产生影响。一些研究发现，机构投资者行动主义可以“很重要”，因为机构投资者的活动与目标公司的治理变化有关。Erenburg等（2016）[146]指出，机构投资者行动主义可以带来经理管理决策的改变，机构投资者可以采取大规模、有针对性的立场，最有可能通过直接影响来有效监督经理。最近，Appel等（2016）[210]发现，当被动管理的共同基金与积极股东一起持有大量股权时，积极干预的有效性得到了增强。这一行为与股票价值的增加和经营业绩的提高有关。Brav、Jiang、Li和Wang（2012）[211]发现，债权人对冲基金增加了破产重组和出现的可能性。总的来说，对冲基金激进主义可以改变目标公司的期望方式，提高业绩。Harford等（2017）[199]发现长期机构投资者限制经理的盈余管理活动，并鼓励盈余的流动性支付。他们认为，长期投资者参与的这些好处并没有完全被市场所预期，而反映在随后几年的高回报中。机构投资者可以通过他们的财产（股票）直接影响经理的管理活动，并通过他们出售股票的能力间接影响（Starks，2002）[212]。投资的短暂性可能会降低机构投资者的监控动机。Kahn和Winton（1998）[144]观察到，如果机构投资者能够轻易交易，他们更有可能使用信息来识别交易机会，而不是影响公司。McCahery、Sautner和Starks（2016）[213]发现，对于长期投资者而言，干预是影响管理的补充手段，而退出则是最后的手段。然而，Admati和Pfleiderer（2009）[145]在理论上证明了出售的“威胁”可以帮助将管理行为与股东利益结合起来，也可能约束那些希望鼓励机构投资的经理。Erenburg等（2016）[146]的证据支持这样一种观点，即出售的“威胁”可以使管理激励与股东的利益相一致。Edmans（2009）[214]发现，短期持股与公司后续绩效呈正相关关系，表明具有交易活动动机的短期机构投资者也具有重要的监控作用。短期机构投资者也会通过他们的交易将相关信息通过价格传递出来发挥监督作用。

下文接着进一步分析机构投资者影响公司绩效的渠道。首先，机构所有权减轻了投资者和被投资公司之间的信息不对称，从而降低了代理成本和更高的投资，并相应地提高了公司的业绩（Myers 和 Majluf，1984）[215]。此外，增加透明度和与这些公司相关的信息披露可能会增加分析人员综合更多信息的需求，从而导致更高的市场关注和更少的信息不对称（Boone 和 White，2015）[201]。其次，机构投资者可能会帮助经理以他们与金融市场的紧密联系为基础，吸引更多的投资者，从而提高股票的流动性，降低公司的交易和融资成本（Elyasiani 和 Jia，2010）[11]。最后，个人股东把股票价格的压力传递给公司经理，这种压力导致的后果是：经理不愿意开展长期投资，而是更多关注能够快速获得短期回报的项目。机构投资者通过其信息优势和专业优势，在个人股东和公司经理之间形成缓冲，缓解经理的经营压力，使其有机会开展具有长期回报的项目。

不管他们偏好的影响渠道是什么，退出和发言权是机构投资者实现与经理沟通和博弈的具体手段。机构投资者不满意管理威胁要出售他们的股份，或者选择在私下或公开场合表达对经理的不满。机构投资者参与上市公司治理的主要方式有：退出“威胁”、私下协商、征集委托投票权、股东提案、机构投资者联合行动和股东诉讼等（杨宝和袁天荣，2014）[216]。机构投资者对经理的互惠行为正是借助这些治理方式实现的。

3.4.1 退出的“威胁”

机构股东对糟糕的股票最常见的反应是减少持有，最简单的解决方法是卖出股票。众多理论研究表明，当机构投资者选择出售表现不佳的股票时，就是一种治理机制（Admati 和 Pfleiderer，2009）[145]。这些理论得到了 Parrino 等（2003）[165]的实证支持，他们发现机构投资者抛售股票显著增加了强制 CEO（首席执行官）离职的可能性。Parrino 等（2003）[165]指出，如果董事关心公司股东基础的特征，机构投资者销售可能会影响董事会的决定。如果经理表现良好，机构投资者持有股票（披露他们的积极信息），股价会上涨，如果他们卖出股票，股价就会下跌。经理喜欢高股价而不喜欢低股价。因此，机构投资者能够通过出售股票这样一种“威胁”，达到规范经理管理行为的作用。

公司股票价格是市场对公司未来发展预期的反映，是公司的经营业绩和业务变动情况的反映，也是经理管理水平的反映。公司股票价格对经理的贡献作出了量化的评价，股东、董事会和经理等都高度关注股票价格。如果公司股价持续走低，意味着公司已经不被市场看好，进而公司董事、经理的工作能力和工作努力程度也会受到质疑，他们被替换的可能性就会大大提高。所以，公司董事和经理为了避免股价下跌带来的危机，就不得不选择降低机会主义行为，通过努力开展管理工作促进公司业绩提升。机构投资者作为专业投资者，其投资策略被其他中小投资者视为“风向标”。当机构投资者抛售出某一公司的股票时，其他中小投资者大多时候也会倾向于选择减持，甚至将手中股票全部出售，这将会对公司股票价格造成巨大冲击。当机构投资者对公司生产经营状况不满意时，其可以选择“用脚投票”这一方式退出，然而“用脚投票”之后公司可能出现严重的股价下跌现象。另外，一旦机构投资者将股票抛售，市场上潜在的收购者就有机会获得更高的公司股权份额，这使得公司被收购的风险大大提高，经理更有可能面临被撤换的可能。所以，机构投资者退出的威胁将会成为对经理有效的制约，从而缓解经理管理防御。

机构投资者作为拥有公司剩余价值的分享权的股东，重视对公司价值产生直接影响的经营决策、战略选择情况，同时也具有监督经理与控股股东行为的动机和能力。众多学者的研究发现，机构投资者的“用脚投票”策略能够影响公司治理。Admati 和 Pfleiderer（2009）[145]在理论上证明了出售股票的威胁可以帮助将管理行为与股东利益结合起来。Helwege 等（2012）[147]发现，当公司陷入财务困境时，机构投资者能够通过“用脚投票”方式促进短期业绩改善，但是不支持长期价值创造。

但是，随着机构投资者的成长和持有越来越多的股份，退出可能会成为积极解决管理问题的一个更昂贵的替代方案。同时，退出仍然可能会失去其作为一种治理工具的影响。Helwege 等（2012）[147]的研究结论表明，退出不太可能成为未来管理学科的主导力量，而机构投资者行动主义可能会继续发挥重要作用。具有显著资本利得的长期机构投资者不会使用退出来威胁，而是通过私下协商或投票等方式对公司进行监督。

3.4.2 私下协商

机构股东往往通过与经理私下谈判的渠道来干预公司，这一事实未披露给其他股东，也难以被其他投资者察觉。Carleton 等（1998）[217]表示，如果机构投资者对公司目前管理团队的运营方式感到担忧，它将首先与经理私下接触。通常情况下，这会引发一系列的私下会谈，这一事实是保密的，因此没有涉及谈判中未涉及的各方。这种私人干预机制非常有效，在97.7%的案例中，公司与介入的投资者达成协议，这一解决方案避免了双方将会付出代价高昂的冲突。与 Carleton 等（1998）[217]相似，McCahery 等（2016）[213]发现安静的干预是一个有效的监测过程。McCahery 等（2016）[213]的研究指出说，与经理进行的安静对话被所有类型的机构投资者看作一种有效的管理工具。机构投资者，无论是单独行动还是联合行动，都会施加各种压力说服经理改变公司的政策。尤其是当经理未能为股东创造价值时。在这种情况下，大型机构投资者经常使用私人沟通渠道进行沟通，尽管他们对公司高层管理的方式不同。McCahery 等（2016）[213]表明机构投资者的“幕后”谈判已经成为一个广泛使用的监控手段。机构投资者试图通过与高层管理人员和非执行董事的私人互动来影响公司的政策，涉及的问题范围包括各种治理和战略问题。

当机构投资者对公司的业绩表现不满时，通常会与公司经理进行私人谈判来表达自己的意见。机构投资者与公司之间的沟通主要有两种类型：一是在投资决策制定方面，当公司高层管理人员宣布盈利结果或有意义的事件时，许多机构投资者会私下约见公司主要决策者，探讨与投资决策有关的问题。二是就公司治理问题举行私下会议。机构投资者可要求举行包括高层管理人员和外部或独立董事参加的会议。与发起股东提案等公开方式相比，私下协商的成本较低，而潜在收益巨大。私下协商这一非公开的管理沟通方式在节约成本、争取时间和避免股价波动等方面有显著优势。

经理通常愿意通过私下协商与机构投资者进行沟通，是由于随着机构投资者市场主体地位的攀升，机构投资者所发起股东提案获得通过的可能性不断提高，以至于经理无法再忽视机构投资者的诉求。另外，经理也具有与机构投资者主动建立良好沟通关系的愿望，愿意通过对话降低分歧，从而减少股东提案的数量，有效避免冲突范围扩大化。只有在双方的沟通没有形成一致意见或者没有达成预期目标的时候，机构投资者才会选择将分歧公开化。例如，机构投资者通过公司召开股东大会之前公开表明自己的立场和提案内容，以引起其他机构投资者跟进和广大中小投资者的重视。

但是，根据“剥削”的观点，机构投资者可能会通过私下协商，与经理达成一致，一起利用小股东，削弱公司的业绩。具体来说，他们可能会忽视管理欺诈，只要他们能从中获益。因此，如果经理进行的活动降低了公司的价值（Elyasiani 和 Jia，2010）[11]，公司绩效与机构投资者所有权之间的负面关系就会显现出来。Woidtke（2002）[150] 在 1989—1993 年的《财富》500 强公司的样本中表明，托宾 Q 值与公共养老基金持有的所有权比例有显著的负相关。Ferreira 和 Matos（2008）[175] 在 2000—2005 年使用了 27 个国家的股票资产综合数据库，发现国内机构投资者所有权与托宾 Q 之间的显著负相关关系。

3.4.3　征集委托投票权

正如 Dimmock 等（2016）[218] 所讨论的，具有显著资本利得的机构投资者不会使用退出来威胁，而是通过“发声”或投票进行监测。Gillan 和 Starks（2003）[197] 认为，机构大股东有动机积极监控他们持有股票的公司，因为如果他们抛售股票，股价就会下跌，从而造成损失。流动性限制可能是机构投资者通常不遵循这些市场的退出策略的另一个原因，他们更倾向于使用“发声”来确保更大的投资回报（Maug，1998）[219]。

在“同股同权”的基本制度下，投资者无论持股多少都有权利在股东大会上行使自己的权利。然而在股东大会上，议案最终一般是由拥有公司股份更多的大股东决定是否通过。同时，许多中小投资者由于参与股东大会的成本和收益不匹配，一般不愿意主动参加股东大会，而是寄希望于委托其他投资者代替自己“发声”。因此，机构投资者为了能在股东大会上更好的“发声”、行使自己作为股东的权力，通常会利用委托投票权制度争取一些未参加股东大会的中小股东的支持。具体地，机构投资者一般会抢先在股东大会召开之前通过网络、报纸、路演等媒体传播方式向其他投资者征集“委托投票书”，从而使得股东在召开会议时能够获得更高的话语权，从而更有效地行使对公司经理、董事和大股东的监督。机构投资者在征集委托投票权过程中会负担高昂的成本，但是其能够在征集了委托投票权之后获得与公司控制性股东直接竞争的权利。机构投资者通过此行为可以有机会选派代表自己利益的董事，对公司经营策略的改进提出意见，还能对公司的合并、重组等重大变革提出看法。

Shleifer 和 Vishny（1986）[6]提出了一个理论，在这个理论中，大型公司的少数股东，如机构投资者，会积极地监控经理的表现，如果必要时会推进公司政策的改变。机构投资者愿意这么做，因为他们在该公司的股权回报高于监控和干预的成本。对我们来说更重要的是，这种模式允许机构投资者相互合作，形成联盟，或者如果它们的股权不够大，不足以单独行动。这意味着，无论何时，机构投资者都可以组成一个联盟，以稀释监控成本，从而增加自己的支出。同样，Noe（2002）[220]开发了一种模型，在这种模型中，监控和干预通常是由多个中间规模的投资者共同执行的。他认为，在现代公司中，大股东不再垄断主动监控。他还指出，多个投资者不会偶尔进行干预，而是建立基于对公司进行系统性干预的投资策略。在类似的情况下，Bennedsen 和 Wolfenson（2000）[221]认为，没有一个股东足够大，可以单独控制公司。由于这种权力的稀释，股东形成联盟来影响公司的政策。在他们的模型中，最优所有权结构是相对较大的股东，由于联盟效应，它使公司价值最大化。Edmans 和 Manso（2011）[222]也提出了类似的观点，他们基于两种因素，即干预和交易，发展了这一小众理论。在他们的模型中，持有相对较小股权的所有投资者都被假定具有相同的目标函数，并最大化其投资的价值。总而言之，投资者拥有足够的权力并期望有效，他们就会干预公司，否则就会威胁要出售所持股份。

3.4.4 股东提案

股东提案最早出现在1942年，是由美国证券交易委员会在证券交易法基础上设立的一种治理机制。股东提案涉及从治理相关提案（董事会、经理薪酬等）到社会议题提案（人权、环境问题等）的各种问题，目的是保护股东权益、反对经理自利行为、改善公司治理结构、改变不利的股东权利行使规则、要求公司关注社会责任问题等。按照规定，机构投资者可以在股东年度会议上提交500字以内的提案。Harford等（2017）[199]的实证检验强调机构投资者的监督作用，机构投资者通过增加股东提案，降低经理的会计不当行为，从而减少管理防御。

尽管股东提案得到其他股东的支持十分有限，但机构投资者仍然可以针对经理的管理不善发起股东提案，表达自己对目标公司治理结构或治理机制的不满，从而加强经理面临的公众监督，挑战经理的管理权威。高度紧张和积极的公共活动会威胁到经理的声誉和职业生涯（Neubaum和Zahra，2006）[223]，在这种情况下经理面临更高的激励来管理公众印象，试图改变公司形象和组织领导者的形象，从而减少负面的影响。因此，股东激进主义可能会增加公司面临的公众审查，而其经理可能会觉得很有必要通过选择或象征性的手段来表明管理质量。

美国证券交易委员会于1942年就设置了股东提案这一制度，拥有一定股权比例的投资者可以在股东大会召开时提交要求公司经理采取某些措施的报告，并在股东大会上作为议题进行讨论。然而，股东提案属于建议性提案，不具有强制执行作用，即使股东所提交的议题获得了多数选票的支持，经理也没有必须执行该提案所要求内容的义务。即便如此，支持率较高的股东提案仍旧可以作为机构投资者在和经理谈判时的坚实后盾。随着机构投资者市场主体地位的攀升，由机构投资者所发起提案获得通过的概率越来越高，公司经理已经不得不重视机构投资者的提案要求，甚至通常会在机构投资者正式提交议案之前就作出符合机构投资者要求的让步。因此，虽然股东提案和征集委托投票权是帮助机构投资者更好地参与公司治理当中的必要手段，但私下协商通常是机构投资者的首选。只有当单纯凭借私下协商无法发挥作用时，机构投资者才考虑运用包括股东提案在内的其他的干预方式。即使已经向股东大会提交了议案，也常常会在机构投资者和公司经理的协商之后被撤回（伊志宏和李艳丽，2013）[149]。

3.4.5 机构投资者联合行动

由于各国法律对机构投资者持股有着不同程度的限制，单独的机构投资者在公司当中持股并不占优势。于是，机构投资者会选择联合其他机构投资者一起行动，以获得在公司治理当中的话语权。一般来讲，当公司出现重大问题而导致产品滞留、资金链断裂或股价下跌时，机构投资者才会选择联合其他投资者共同采取措施，避免自身利益遭受重大损失。例如，2012 年格力电器的董事长改选结果就和机构投资者的联合行动密不可分。格力电器发布公告将委任具有国资委背景的董事候选人为董事长，多个机构投资者联合中小股东反对，最终导致国资委背景的候选人落选，而联名推荐的候选人高票当选董事长。

3.4.6 股东诉讼

股东诉讼是公司股东针对管理层重大失误或严重损害公司利益的行为，所采取的极端措施，是股东积极主义的最极端表现。美国于 1995 年专门颁布了《私人证券诉讼改革法》，鼓励机构投资者通过提起诉讼维护广大投资者利益。我国 2004 年大成基金诉讼银广夏虚假陈述案和 2011 年夏新电子虚假陈述案，都是因为机构投资者在买入公司股权后，因上市公司财务丑闻导致股价大幅下跌，从而机构投资者采取股东诉讼的方式来保护自己利益。但是，股东诉讼耗时长久，且成本高昂，除非公司经理具有严重损害股东利益的行为，一般机构投资者很少通过这种方式对经理施加影响（伊志宏和李艳丽，2013）[149]。

3.5　本章小结

本章首先通过分析互惠博弈当中参与者信念判断的重要性，解释机构投资者和经理之间基于信念的互惠博弈过程。并且，基于 Sahlins 对互惠的分类，阐述了机构投资者互惠行为的具体表现形式，分析了机构投资者广义互惠、平衡互惠和负互惠行为对经理决策选择的影响。在此基础上，揭示了机构投资者互惠行为影响经理管理防御的理论模型，以期为下文开展博弈分析和实证分析提供理论支持。

其次，本章综合采用经济学中的人性假设理论、心理学中的 Atkinson 期望价值成就动机模型对机构投资者互惠行为产生激励作用的原因进行了分析。分析结果表明，自利性动机是人类与生俱来的本性，这与互惠动机在本质上非但不存在矛盾，反而是相通的。自利性动机正是互惠行为的产生基础和互惠行为发挥激励作用的根本原因。另外，由于机构投资者互惠行为有助于提高经理获得成功的可能性，从而能够通过激发经理产生追求成功的动机和抑制经理产生避免失败的动机，降低经理管理防御行为。

再次，本章从成本收益、机构投资者治理能力、信任和信息透明度四个方面，分析总结了机构投资者互惠行为的影响因素。分析结果显示，机构投资者开展互惠行为是权衡该行为的成本以及物质收益、互惠心理收益之后作出的选择；并且，只有机构投资者在公司当中具备一定的话语权，具有同大股东、经理博弈的能力，其互惠行为才有可能对经理产生激励作用。而建立信任对于培养机构投资者和经理之间的互惠关系是有价值的；机构投资者互惠行为能够弥补信息不对称情况下公司契约的失效。以上因素也将作为后续章节理论分析和模型设计中要考虑的内容。

最后，本章总结了机构投资者参与公司治理的几种常见的途径，机构投资者正是通过这些途径对经理实施互惠行为。

第 4 章

机构投资者和经理的互惠博弈分析

上文的分析显示，大量的生活现象和实验证据都表明，经济个体在关心自身利益的同时，也会关注他人的利益，并对他人的行为动机感兴趣。Rabin 成功地将互惠偏好引入行为经济学的研究框架当中，将其描述为“以善报善，以恶报恶”的行为偏好，建立了对行为博弈理论研究影响深远的公平互惠博弈模型。Dufwenberg 和 Kirchsteiger 将 Rabin 的公平互惠博弈模型扩展到动态策略环境中，解释了经济个体在动态策略下的互惠心理博弈过程。本章在借鉴 Dufwenberg 和 Kirchsteiger 序贯博弈模型的基础上，建立完全信息条件下机构投资者和经理的博弈模型，分析机构投资者和经理之间互惠行为的激励作用，为完善公司激励机制提供理论参考，也为后续章节的实证研究提供理论支持。

4.1　DK 序贯互惠模型的内涵

最早将互惠理论的思想应用于解决经济学问题的是 Rabin（1993）[14]，并在 Geanakoplos 等（1989）[24]的心理博弈框架基础上构建了具有两个参与者的公平互惠博弈模型，对这一观点进行了解释。Rabin 认为，参与者在博弈中除了基本的物质收益外也有互惠心理收益。互惠心理收益取决于参与者的意图，而意图又取决于信念。Rabin 的模型对于现实经济社会中的互惠利他行为、合作行为的解释是强有力的，但最大的局限在于该模型没有考虑到策略选择的动态结构，不适用于那些具有动态结构的情况。互惠心理博弈具有区别于一般博弈的特征，即参与者的收益函数不只受到博弈双方策略选择本身的影响，还会受到参与者关于“其他参与者策略选择的信念”的影响。因此，Dufwenberg 和 Kirchsteiger（2004）[33]在 Rabin 的启发下，结合互惠策略选择的动态结构，建立了动态序贯互惠模型，以下简称 DK 动态序贯互惠模型。该模型认为，个体的友善程度不仅由他的策略选择本身所反映，还体现在他对自己行为会造成何种后果的信念上。具有互惠动机的个体会考虑博弈中其他个体的行动意图之后再决定自己的行动

(李越和李秉祥，2017)[55]。也就是说，一个人行为的友善程度取决于他行为的意图，而意图取决于信念，互惠动机取决于信念的信念。

为了模拟信念的影响，必须明确考虑参与者行动的可能性和意图。与 Rabin 的公平互惠博弈模型一样，DK 序贯互惠模型也建立在心理博弈论框架下（Geanakoplos 等，1989）[24]。心理博弈与标准博弈不同的是，参与者的回报不仅取决于博弈策略本身，还取决于参与者对其他参与者的战略选择或信念的看法。DK 序贯互惠模型直接受到 Rabin 的启发，从一个标准的博弈开始，对博弈进行策略选择情景的描述，并指定参与者的物质回报。接着，在标准博弈的基础上，运用 DK 序贯互惠模型推导出参与者的心理博弈，参与者的收益函数被重新定义，以反映互惠因素。DK 模型与 Rabin 先前研究成果的主要区别在于，DK 序贯互惠模型不仅与一般策略的表现形式有关，并且加入了顺序理性的要求。

当这样做的时候，模型将会出现微妙的变化，即如果一个子博弈达到均衡，有时会迫使参与者改变其对正在进行的策略的信念。由于善良与信念有关，所以对善意的判断可能会改变并影响参与者出于互惠动机的策略选择。所以，有必要区分参与者最初信念和后来信念。Dufwenberg 和 Kirchsteiger（2004）[33]通过追踪参与者的信念如何随着新的子博弈的到来而改变，并假设当一个参与者作出选择时，其会根据自己在那个阶段所持有的信念来自我激励，这些假设是 DK 序贯互惠模型的核心。参与者被假定是不断更新其关于其他参与者善意的评价，然后作出相应的回报。但是，这也意味着 Dufwenberg 和 Kirchsteiger 所讨论的心理博弈不属于一般的心理博弈，如 Geanakoplos 等（1989）[24]所认为的，参与者对不同的策略选择的判断仅受到其最初信念的影响。

形式上，DK 序贯互惠模型假定 $N=\{1,2\}$ 代表参与者的集合。A_i 代表参与者 i 的策略集，$i \in N$，A_i 允许随机化。π_i 作为参与者的物质收益，代表金钱或者其他客观可衡量的收入。但是，物质收益并不是在决策当中激励参与者 i 的唯一收益，为了得到参与者 i 的效用函数，要在物质收益上加入互惠心理收益。互惠心理收益取决于参与者 i 对其他参与者的策略和信念的判断。为了避免混淆，Dufwenberg 和 Kirchsteiger 为信念引入了单独的符号。

$B_{ij}=A_j$ 代表参与者 i 关于参与者 j 策略的信念集，i，$j\in N$；$C_{iji}=B_{ji}=A_i$ 代表参与者 i 关于参与者 j 对参与者 i 策略的信念集。所以，$b_{ij}\in B_{ij}$ 表示参与者 i 对参与者 j 策略的信念（一阶信念），$c_{iji}\in C_{iji}$ 表示参与者 i 关于参与者 j 对参与者 i 策略的信念（二阶信念）。

假定任何参与者，在博弈的任何阶段都满足以下条件：

①知道所有之前的选择；

②只有一次选择策略的机会，采取这种方法在参与者中依次交替进行；

③不获得任何关于其他参与者在当前阶段进行选择的信息。

善意的定义是基于 Rabin 的一个想法：如果参与者 i 认为参与者 j 的物质回报将是最低物质收益和最高的物质收益的平均，那么 i 对 j 的善意是零。因此，当参与者 i 相信参与者 j 的行为符合（b_{ij}），使用 $\pi_j^{e_i}(b_{ij})$ 作为衡量 i 对 j 善意程度的参照点，定义参与者 i 对参与者 j 的善意程度：

定义 1，参与者 i 对参与者 j 的善意程度：

$$k_{ij}(a_i,b_{ij})=\pi_j(a_i,b_{ij})-\pi_j^{e_i}(b_{ij}) \tag{4.1}$$

直观上看，定义 1 显示参与者 j 所获得的物质收益 $\pi_j(a_i,b_{ij})$ 和 $\pi_j^{e_i}(b_{ij})$ 的差值成比例，即反映了参与者 i 对参与者 j 的善意与“他的馈赠”大小成比例的想法。其中，$\pi_j(a_i,b_{ij})$ 表示参与者 j 的物质收益。$\pi_j^{e_i}(b_{ij})=[\max\{\pi_j(a_i,b_{ij})\}+\min\{\pi_j(a_i,b_{ij})\}]/2$，表示参与者 j 关于参与者 i 的公平支付，即给定参与者 j 的策略 b_{ij}，参与者 i 的策略 a_i 给参与者 j 带来最大收益和最小收益的平均值。$\pi_j^{e_i}(b_{ij})$ 是参与者 i 认为参与者 j 将会得到的结果。也就是说，参与者 i 的善意程度被描述为参与者 i 的策略选择给参与者 j 带来的收益与参与者 i 能够给参与者 j 带来的平均收益的差值。例如，如果 i 选择策略 a_i，而 $\pi_j(a_i,b_{ij})=\pi_j^{e_i}(b_{ij})$，那么 i 对 j 的善意就是零。

在定义了善意之后，DK 序贯互惠模型继续对互惠进行定义。如果参与者 j 对参与者 i 友好（不友好），那么参与者 i 想要报答（反击）。由于参与者 j 的善良依赖于参与者 j 的信念，所以参与者 i 不能直接观察参与者 j 的善意。然而，参与者 i 可以参考他对参与者 j 的行为和信念的信念，并对

参与者 j 的善意作出推论。Dufwenberg 和 Kirchsteiger 引入一个函数 $\lambda_{iji}(b_{ij},c_{iji})$ 记录参与者 i 认为参与者 j 对参与者 i 的善意程度是：

定义 2，参与者 i 关于参与者 j 善意程度的信念：

$$\lambda_{iji}(b_{ij},c_{iji}) = \pi_i(b_{ij},c_{iji}) - \pi_i^{ej}(c_{iji}) \tag{4.2}$$

其中，$\pi_i^{ej}(c_{iji}) = [\max\{\pi_i(b_{ij},c_{iji})\} + \min\{\pi_i(b_{ij},c_{iji})\}]/2$ 为参与者 i 关于参与者 j 的公平支付。也就是说，参与者 i 感知到的参与者 j 的善意被描述为参与者 j 的策略选择给参与者 i 带来的收益与参与者 j 能够给参与者 i 带来的平均收益的差值。

定义 3，参与者 i 的收益函数：

$$U_i(a_i,b_{ij},c_{iji}) = \pi_i(a_i,b_{ij}) + \sum_{i\neq j} Y_{ij}\, k_{ij}(a_i,b_{ij})\, \lambda_{iji}(b_{ij},c_{iji}) \tag{4.3}$$

参与者 i 收益函数的第一项 $\pi_i(a_i,b_{ij})$ 表示参与者 i 的物质回报，这是不考虑参与者互惠动机的理性“经济人”假设下的收益函数；另一项表示参与者 j 给予参与者 i 的互惠回报 $(j \neq i)$。$k_{ij}(a_i,b_{ij})$ 代表参与者 i 对参与者 j 的善意程度。$\lambda_{iji}(b_{ij},c_{iji})$ 为参与者 i 关于参与者 j 善意程度的信念。$\lambda_{iji}(b_{ij},c_{iji})$ 越高，参与者 i 为了向参与者 j 表达善意而愿意放弃的物质回报越多。如果参与者 i 认为参与者 j 对他不友好，即 $\lambda_{iji}(b_{ij},c_{iji}) <0$，然后在参与者 i 对参与者 j 的不友善下，参与者 i 关于参与者 j 的互惠收益减少。常数 Y_{ij} 衡量参与者 i 对参与者 j 的互惠敏感程度。Dufwenberg 和 Kirchsteiger 认为，参与者的互惠敏感度变化取决于其他参与者的目标，例如，一个工人的互惠动机取决于他的雇主，而不是其他局外人。当参与者 i 认为参与者 j 对他很好，即 $\lambda_{iji}(b_{ij},c_{iji}) >0$ 时，如果 $Y_{ij} >0$，那么参与者 i 关于参与者 j 的互惠收益将在参与者 i 对参与者 j 的善意之下获得提高。在本书的模型中 Y_{ij} 以 Y_i 简化表示。Y_i 越大，表示参与者 i 越容易根据参与者 j 的行为作出互惠反应，即参与者 i“以德报德，以怨报怨”的行为动机更强烈。最终，$U_i(a_i,b_{ij},c_{iji})$ 函数表达了这样一个含义：如果参与者 i 认为参与者 j 友善（不友善），那么参与者 i 就想要进行回报（反击）。当然，当参与者 i 优化他的策略的时候，可能不得不在互惠心理收益和物质收益之间做出权衡。U_i 的定义范围不仅包括战略选择，还包括主观信念。

4.2　标准博弈模型的建立

4.2.1　模型假设

为了更好地控制研究过程和变量，我们提出如下假设条件：

公司的经营和各项决策要通过经理来实现。自 Berle 和 Means（1932）[68]揭示了现代公司中存在两权分离现象之后，众多学者都延续该问题进行了研究，且都对“经理主导公司”这一观点持肯定态度（Jensen 和 Meckling，1976；Hambrick 和 Finkelstein，1987 等；翟淑萍和毕晓方，2016）[69][224][119]。在公司内部，控制权是通过契约授权的方式进行配置，公司股东保留通过股东大会行使最终控制权，将剩余控制权绝大部分授予董事会。董事会保留决策控制权，而将决策管理权授予经理人员（Weir 和 Jones，1999）[82]。随着技术革新和管理专业化发展，经理所掌握的公司管理决策权越来越大。国内学者周其仁（1997）[225]认为，经理的决策管理权可以被理解为排他性使用公司资产，经理完全有机会取代所有者成为公司最具有影响力的决策人，支配和控制着公司运营。基于以上分析，提出假设 1。

假设 1：经理对公司运营和决策具有决定权。博弈中经理对公司内外部信息完全知晓，经理的行为对公司价值具有直接影响。

在中国，绝大多数的上市公司呈现“一股独大”的现象（冉茂盛和李文洲，2015；李旎和郑国坚，2015；顾乃康等，2015）[226][227][228]。根据 RESSET 数据分析显示：在 2015—2017 年，我国上市公司第一大股东持股比例平均高达 30% 以上，另有超过 24% 的上市公司第一大股东持股比例在 50% 以上。这一统计结果显示，我国上市公司的股权集中度较高，大股东具备利用高投票权控制公司经理或影响经理决策的能力。但是，由于中国上市公司治理环境的特殊性，绝不能简单地认为大股东就能够掌握公司的全部财务决策。事实上，由于大股东并未直接对公司进行经营管理，而是派遣经理管理公司的日常运营活动，经理不可避免地会出现谋取个人利益最大化的管理防御行为，并且国有上市公司作为中国上市公司的重要组成，其“所有者缺位”特征使得经理受到的监督非常小。基于此，本书假设经理能够影响或决定公司的各项重大决策。在实践中，即使经理掌管公司的日常经营管理活动并能够影响公司的重大决策，控股股东和机构投资者之间的利益交换也不能完全被忽视。但是本书旨在刻画机构投资者与经理之间互惠行为产生激励效用的内在逻辑，而且出于简化模型的需要，忽略了控股股东和机构投资者之间的关系对于分析结果的影响。本书在设计模型时，不将控股股东作为参与人纳入模型分析。但是，选择公司第一大股东持股比例作为参数，写入机构投资者和经理的收益函数中，以控制该因素的影响。因此，出于简化模型的需要，本书将博弈的参与者抽象化为经理和机构投资者两人，由此提出假设2。

假设2：控股股东不影响机构投资者和经理各自的互惠行为和收益。上市公司只存在一个经理和一个机构投资者。

本书在完全信息条件下，研究机构投资者对经理的互惠行为如何对经理产生激励作用。虽然出于模型讨论的完整性考虑，分别从经理互惠偏好角度和机构投资者互惠偏好角度对模型进行了分析，但是本书研究关注的重点是检验机构投资者互惠行为对经理产生的激励作用。所以，模型当中将机构投资者定义为博弈的先行者。

假设3：机构投资者先行选择策略，经理相继决策，且双方相互了解各方得益。

4.2.2 机构投资者—经理标准博弈模型

本书首先在完全信息条件下构建机构投资者和经理的标准博弈模型，以展示机构投资者和经理的策略选择和物质收益，为后续通过 DK 序贯互惠模型推导出互惠心理收益建立基础。图 4-1 是一个简单的机构投资者—经理博弈模型。

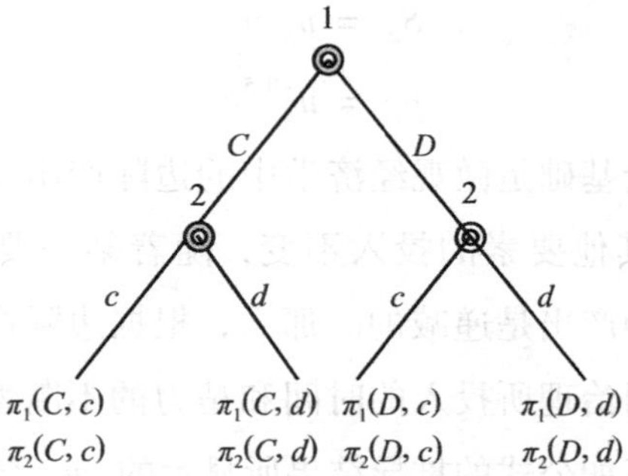

图 4－1　机构投资者—经理博弈

如图 4－1 所示，参与者 1 代表公司的机构投资者，参与者 2 代表公司经理。其中，机构投资者的策略集合为 $A_1 = \{C, D\}$，策略 C 表示机构投资者选择积极参与公司治理，为经理提供监督和管理建议；策略 D 表示机构投资者选择投机行为；经理的策略集合为 $A_2 = \{c, d\}$，策略 c 表示经理选择努力开展经营管理活动；策略 d 表示经理选择开展管理防御在内的自利行为。博弈分为两个阶段，机构投资者在第一阶段选择策略，经理在第二阶段选择策略。另外，由于合理设置股权结构是降低代理问题的有效机制（熊伟等，2015）[229]，因此本章在机构投资者和经理收益函数的参数选择上主要考虑了公司股权结构方面的因素。同时，这样的参数选择也有利于观察不同公司治理机制的相互配合、相互替代作用。

机构股东除了通过积极监督公司的业务、完善公司治理，从公司的价值提升中获得更高收益之外，还可能通过短期套利、私有信息交易等投机行为将中小股东的利益转移到自己手中。前者有助于公司创造更高的价值，而后者则损害了公司的价值。借鉴吴育辉等（2011）[230]的研究，假设机构投资者为公司创造的价值为 S_m，S_m 等于其积极参与公司治理所投入的精力 u_m 乘以其监督管理的边际效率 p_m。机构投资者对公司监督管理的边际效率 p_m 受到其对公司的了解程度和专业能力 e 及其参与公司治理所投入的时间和精力 u_m 的影响，机构投资者对公司的了解程度和专业能力 e 越高，监督管理的边际效率 p_m 也越高（李维安和李滨，2008）[160]。而随着监督管理投入的时间和精力 u_m 的增加，监督管理的边际效率 p_m 是递减的，因此：

$$S_m = u_m p_m \tag{4.4}$$

$$p_m = u_m^{-0.5} e \tag{4.5}$$

以上假设的理论基础是微观经济学中的边际产出递减理论。该理论认为，如果始终保持其他要素的投入不变，随着某一要素投入量的不断增加，单位要素得到的产出是递减的。那么，根据边际产出递减理论，随着机构投资者参与公司治理所投入的时间和精力的不断增加，相应的治理效率将会不断降低。正如公式的推导结果所显示的，u_m 与 p_m 的关系正好满足 $\frac{\partial p_m}{\partial u_m} < 0$。

同理，假设机构投资者投机行为给公司带来的损失为 S_t 。S_t 等于机构投资者实施投机行为所付出的时间和精力 u_t 乘以该行为的边际效率 p_t 。而机构投资者投机行为的边际效率 p_t 受到被投资公司大股东持股比例 l 和机构从事投机行为所耗费的时间和精力 u_t 的影响。公司大股东持股比例 l 越高，机构投资者进行投机行为的边际效率 p_t 就越低（彭丁，2011）[231]。同时，随着机构投资者在投机行为上投入精力和时间 u_t 的增加，投机行为的边际效率 p_t 递减。因此：

$$S_t = u_t p_t \tag{4.6}$$

$$p_t = u_t^{-0.5} l^{-1} \tag{4.7}$$

假设机构投资者的全部时间、精力为 u_1 ，其将全部精力 u_1 在参与被投资公司治理或者开展投机行为之间分配。所以，随着机构投资者耗费在投机行为上时间、精力 u_t 的增加，其参与公司治理的时间 u_m 就会减少，反之亦然。因此：

$$u_1 = u_m + u_t \tag{4.8}$$

经理面对公司内外部压力，可能会出现管理防御行为，表现在股权融资偏好、盈余管理、投资短视或过度投资等。所以，经理除了开展经营管理活动之外，还会将一部分精力用于实施管理防御。前者为公司创造了价值，后者在满足经理个人利益的同时将造成公司价值的减损。经理开展经营管理活动给公司创造的价值 S_o 等于其在公司管理上付出的时间和精力 u_o 乘以其经营管理的边际效率 p_o 。经理实施管理防御行为给公司带来的损失等于经理投入管理防御上的时间 u_i 乘以该行为的边际效率 p_i。并且，公司成长性 g 越高，经理从事经营管理活动的边际效率 p_o 就越高（杨兴全和吴昊旻，2011）[232]。机构投资者持股比例 α 越大，经理开展管理防御行为的边际效率 p_i 就越低（伊志宏等，2011）[233]。

$$S_o = u_o p_o \tag{4.9}$$

$$S_i = u_i p_i \tag{4.10}$$

$$p_o = u_o^{-0.5} g \tag{4.11}$$

$$p_i = u_i^{-0.5} \alpha^{-1} \tag{4.12}$$

假设经理的全部时间、精力为 u_2，其将全部精力 u_2 在经营管理行为或管理防御行为之间分配。所以，随着经理耗费在管理防御行为上时间、精力 u_i 的增加，其从事经营管理活动的时间 u_o 就会减少，反之亦然。因此：

$$u_2 = u_o + u_i \tag{4.13}$$

综上所述，机构投资者和经理的博弈存在以下几种可能：

（1）机构投资者将全部的时间和精力都用于监督经理和参与公司治理，经理也将全部的时间、精力用于努力开展经营管理工作。在这样的情况下，机构投资者和经理的收益函数分别表示为：

$$\pi_1(C,c) = \alpha(S_m + S_o) \tag{4.14}$$

$$\pi_2(C,c) = \beta(S_m + S_o) \tag{4.15}$$

其中，α 为机构投资者持股比例；β 为经理薪酬业绩敏感性。

（2）机构投资者开展投机行为，而经理没有进行管理防御行为。此时，机构投资者由于进行投机，导致其用于监督管理的时间减少，从而公司价值降低。机构投资者和经理的收益函数分别是：

$$\pi_1(D,c) = \alpha(S_m + S_o - S_t) + S_t \tag{4.16}$$

$$\pi_2(D,c) = \beta(S_m + S_o - S_t) \tag{4.17}$$

（3）经理实施管理防御行为，而机构投资者没有选择开展投机行为。在这样的情况下，经理的管理防御行为导致了公司价值的损失。机构投资者和经理的收益函数分别是：

$$\pi_1(C,d) = \alpha(S_m + S_o - S_i) \tag{4.18}$$

$$\pi_2(C,d) = \beta(S_m + S_o - S_i) + S_i \tag{4.19}$$

（4）机构投资者开展投机行为，经理也实施管理防御行为。在这样的情况下，机构投资者和经理的收益函数分别表示为：

$$\pi_1(D,d) = \alpha(S_m + S_o - S_t - S_i) + S_t \tag{4.20}$$

$$\pi_2(D,d) = \beta(S_m + S_o - S_t - S_i) + S_i \tag{4.21}$$

表4－1展示了机构投资者——经理博弈的收益函数：

表4－1　　　　博弈支付矩阵

		经理	
		不管理防御	管理防御
机构投资者	不投机	$\pi_1(C,c) = \alpha(S_m + S_o)$ $\pi_2(C,c) = \beta(S_m + S_o)$	$\pi_1(C,d) = \alpha(S_m + S_o - S_i)$ $\pi_2(C,d) = \beta(S_m + S_o - S_i) + S_i$
	投机	$\pi_1(D,c) = \alpha(S_m + S_o - S_t) + S_t$ $\pi_2(D,c) = \beta(S_m + S_o - S_t)$	$\pi_1(D,d) = \alpha(S_m + S_o - S_t - S_i) + S_t$ $\pi_2(D,d) = \beta(S_m + S_o - S_t - S_i) + S_i$

考虑帕累托改进，体现互惠行为的意义所在，假定双方均放弃自利行为产生的物质收益大于双方均背叛产生的物质收益（Nowak，2006）[234]，即 $\pi_1(C,c) > \pi_1(D,d), \pi_2(C,c) > \pi_2(D,d)$，由此可得：

$$\alpha(S_t + S_i) > S_t \tag{4.22}$$

$$\beta(S_t + S_i) > S_i \tag{4.23}$$

4.3　DK序贯互惠模型分析

4.3.1　基于经理互惠偏好的激励作用分析

命题1：在序贯互惠均衡中，如果机构投资者选择投机行为，经理就会实施管理防御行为。

从表 4－1 的收益矩阵来看，当机构投资者开展投机行为，经理无论选择任何策略，都无法比机构投资者放弃投机时选择任何策略的收益更高。具体来讲，如果机构投资者在博弈的第一阶段选择了投机行为，那么经理选择开展管理防御行为将获得的收益是 $\pi_2(D,d)=\beta(S_m+S_o-S_t-S_i)+S_i$；如果机构投资者在博弈的第一阶段放弃实施投机行为，那么经理此时选择开展管理防御行为可以获得收益 $\pi_2(C,d)=\beta(S_m+S_o-S_i)+S_i$；如果经理在机构投资者选择了投机行为之后，放弃开展管理防御行为，将得到收益 $\pi_2(D,c)=\beta(S_m+S_o-S_t)$；而如果机构投资者先行选择了放弃投机，经理也选择放弃管理防御行为，那么经理将得到收益是 $\pi_2(C,c)=\beta(S_m+S_o)$。显然，$\pi_2(C,d)>\pi_2(D,d)$，$\pi_2(C,c)>\pi_2(D,c)$，机构投资者在博弈第一阶段选择投机行为会造成经理收益水平的降低。所以，无论机构投资者对经理策略选择的信念是什么，其先行选择投机都不可能是善意的。因此，经理在获得了机构投资者的投机行为所传达的不友善信息之后，无论从互惠动机的角度，还是考虑物质收益最大化，都会选择管理防御行为。也就是说，管理防御行为是经理物质收益和互惠心理收益的双重影响下的选择。

以上分析结果表明，博弈先行者——机构投资者的策略选择会直接影响另一位参与者经理的策略选择。一旦机构投资者实施了危害经理个人利益的投机行为，经理就会选择通过管理防御来进行自我保护和反击。因此，如果不能有效降低机构投资者的投机行为，公司激励契约就难以对经理产生有效的激励作用，规范机构投资者行为是解决经理管理防御的首要条件。

命题 2：如果机构投资者放弃实施投机，则存在以下序贯互惠均衡。

（1）当 $Y_2>\dfrac{2(1-\beta)}{\alpha\beta u_t^{0.5}l^{-1}-(1-\beta)\,u_i^{0.5}}$，经理不实施管理防御行为；

（2）当 $Y_2<\dfrac{2(1-\beta)}{\alpha\beta u_t^{0.5}l^{-1}}$，经理实施管理防御行为；

（3）当 $\dfrac{2(1-\beta)}{\alpha\beta u_t^{0.5}l^{-1}-(1-\beta)\,u_i^{0.5}}<Y_2<\dfrac{2(1-\beta)}{\alpha\beta u_t^{0.5}l^{-1}}$，经理放弃管理防御

的概率为 p，$p=\dfrac{\beta(2+\alpha u_t^{0.5}l^{-1}Y_2)-2}{(1-\beta)u_i^{0.5}Y_2}$。

证明：

(1) 经理对机构投资者善意程度 $k_{21}(a_2,b_{21})$ 的确定。

由于当机构投资者放弃投机行为时，经理能够带给机构投资者的最低收益是 $\pi_1(C,d)$，最高收益是 $\pi_1(C,c)$。所以，如果机构投资者放弃投机，机构投资者关于经理的公平支付为：

$$\pi_1^{e_2}(b_{21})=(\pi_1(C,c)+\pi_1(C,d))/2=\alpha(S_m+S_o-S_i/2) \tag{4.24}$$

根据 DK 序贯互惠模型可知，当机构投资者放弃投机，经理也放弃管理防御对机构投资者的善意是：

$$k_{21}(c,b_{21})=\pi_1(C,c)-\pi_1^{e_2}(b_{21})=\alpha S_i/2 \tag{4.25}$$

此时，经理实施管理防御行为对机构投资者的善意是：

$$k_{21}(d,b_{21})=\pi_1(C,d)-\pi_1^{e_2}(b_{21})=-\alpha S_i/2 \tag{4.26}$$

(2) 经理对“机构投资者对经理友善度”的信念 $\lambda_{212}(b_{21},c_{212})$ 的确定。

假定经理可以自由选择策略，定义经理选择放弃管理防御的二阶信念是 p''，即经理相信机构投资者选择放弃投机后，机构投资者认为经理选择放弃管理防御的概率为 p''。$p''\in[0,1]$。那么，经理关于“机构投资者放弃投机是打算给予经理多少支付”的信念是：

$$\pi_2(b_{21},c_{212})=p''\pi_2(C,c)+(1-p'')\pi_2(C,d) \tag{4.27}$$

由命题 1 可知，机构投资者实施投机行为必定会导致经理选择管理防御行为，此时经理的收益为 $\pi_2(D,d)$，所以经理关于“机构投资者选择放弃投机的善意”的信念是：

$$\begin{aligned}\lambda_{212}(a_1=C)&=\pi_2(b_{21},c_{212})-\pi_2^{e_1}(c_{212})\\&=[p''\pi_2(C,c)+(1-p'')\pi_2(C,d)]\\&\quad-[p''\pi_2(C,c)+(1-p'')\pi_2(C,d)+\pi_2(D,d)]/2\\&=[p''\pi_2(C,c)+(1-p'')\pi_2(C,d)-\pi_2(D,d)]/2\end{aligned} \tag{4.28}$$

第一个方括号表示经理的实际支付；第二个方括号表示经理的公平

支付。

(3) 互惠心理收益函数 $U_2(a_2,b_{21},c_{212})$ 的确定。

当机构投资者放弃投机行为，经理选择放弃管理防御行为的收益是：

$$\begin{aligned} U_2(c,b_{21},c_{212}) &= \pi_2(C,c) + Y_2 k_{21}(C,c)\lambda_{212}(a_1 = C) \\ &= \beta(S_m + S_o) + \alpha S_i Y_2[\beta(p'' S_i + S_t) - p'' S_i]/4 \end{aligned} \quad (4.29)$$

经理选择实施管理防御行为的收益是：

$$\begin{aligned} U_2(d,b_{21},c_{212}) &= \pi_2(C,d) + Y_2 k_{21}(C,d)\lambda_{212}(a_1 = C) \\ &= \beta(S_m + S_o - S_i) + S_i - \alpha S_i Y_2[\beta(p'' S_i + S_t) - p'' S_i]/4 \end{aligned} \quad (4.30)$$

(4) 序贯互惠均衡的求解。

当 $U_2(c,b_{21},c_{212}) > U_2(d,b_{21},c_{212})$，经理会放弃管理防御，化简得 $Y_2 > \frac{2(1-\beta)}{\alpha[\beta S_t - (1-\beta)p'' S_i]}$。由于在博弈达到序贯互惠均衡时，每个参与者都基于信念判断做出了使互惠均衡收益最大化的策略选择。所以，如果经理选择放弃管理防御这一策略，其高阶信念应当与实际行为相符合，即二阶信念 p'' 应当与实际概率 p 相等。因此，必须满足条件 $p''=1$，将 $p''=1$ 代入 $Y_2 > \frac{2(1-\beta)}{\alpha[\beta S_t - (1-\beta)p'' S_i]}$，得 $Y_2 > \frac{2(1-\beta)}{\alpha\beta u_t^{0.5} l^{-1} - (1-\beta)u_i^{0.5}}$。

当处于均衡状态 $U_2(c,b_{21},c_{212}) < U_2(d,b_{21},c_{212})$，经理会实施管理防御行为，化简得 $Y_2 < \frac{2(1-\beta)}{\alpha[\beta S_t + (\beta-1)p'' S_i]}$。如果经理选择管理防御，必须满足条件 $p''=0$，将 $p''=0$ 代入不等式，得 $Y_2 < \frac{2(1-\beta)}{\alpha\beta u_t^{0.5} l^{-1}}$。

当 $\frac{2(1-\beta)}{\alpha\beta u_t^{0.5} l^{-1} - (1-\beta)u_i^{0.5}} < Y_2 < \frac{2(1-\beta)}{\alpha\beta u_t^{0.5} l^{-1}}$，经理不存在实施管理防御或放弃管理防御的决策，而是以混合策略形式存在。令 $U_2(c,b_{21},c_{212}) = U_2(d,b_{21},c_{212})$，化简公式得到 $p = \frac{\beta(2+\alpha u_t^{0.5} l^{-1} Y_2) - 2}{(1-\beta)u_i^{0.5} Y_2}$。证毕。

当 $Y_2 > \frac{2(1-\beta)}{\alpha\beta u_t^{0.5} l^{-1} - (1-\beta)u_i^{0.5}}$ 时，表示此时经理的互惠敏感性足够

大，经理能够体会到机构投资者放弃投机所传达的善意，若此时以放弃管理防御作为回应，会增加经理的互惠心理收益（根据公式4.3）。换句话说，当经理的互惠敏感性较高时，经理会通过放弃管理防御作为对机构投资者放弃投机的回应。虽然经理放弃实施管理防御行为会降低其物质收益，但是该策略下互惠心理收益的提高将弥补物质收益方面的损失。并且，在机构投资者开展投机行为耗费的时间 u_t 和经理实施管理防御行为耗费的时间 u_i 一定的条件下，α 越大，β 越大，l 越小，不等式右边的值越小，越容易满足该不等式的条件。也就是说，机构投资者持股比例越高，经理薪酬业绩敏感性越高，大股东持股比例越低，经理就越有可能放弃实施管理防御行为。

当 $Y_2 < \dfrac{2(1-\beta)}{\alpha\beta u_t^{0.5} l^{-1}}$ 时，表示经理的互惠敏感性较弱。此时，经理在感受到机构投资者放弃投机这一行为所传达的善意之后，仍旧会选择实施管理防御行为，即具有较低互惠敏感性的经理不会选择报答机构投资者的善意行为，也不存在日后对机构投资者信念、行为的预期，以及自身策略选择对机构投资者信念、行为的影响结果的预期，只考虑如何获得更高的短期物质收益。当机构投资者放弃投机行为，而将全部精力用于积极参与公司治理时，如果经理的互惠敏感性较低，那么经理放弃管理防御行为所获得的互惠心理收益的增加不足以弥补物质收益的损失。所以此时，实施管理防御行为是经理的均衡选择。并且，在机构投资者开展投机行为耗费时间 u_t 一定的情况下，α 越小，β 越小，l 越大，不等式右边的值就越大，就越容易满足不等式的条件。也就是说，机构投资者持股比例越低，经理薪酬业绩敏感性越低，大股东持股比例越高，经理就越有可能开展管理防御。

而当 $\dfrac{2(1-\beta)}{\alpha\beta u_t^{0.5} l^{-1} - (1-\beta)\, u_i^{0.5}} < Y_2 < \dfrac{2(1-\beta)}{\alpha\beta u_t^{0.5} l^{-1}}$ 时，经理放弃管理防御行为的概率 $p = \dfrac{\beta(2+\alpha u_t^{0.5} l^{-1} Y_2) - 2}{(1-\beta)\, u_i^{0.5}\, Y_2}$。从公式可以看出，经理的互惠敏感性$Y_2$越高，其放弃管理防御的概率也就越大。并且，$\alpha$ 越大、β 越大，l 越小，p 就越大。也就是说，机构投资者持股比例越高，经理薪酬业绩敏感性越高，公司大股东持股越低，经理放弃管理防御行为的概率越大。

通过对命题 1 和命题 2 的分析可以看出，如果经理具有较高的互惠敏感性，说明其互惠动机较强烈，那么其策略选择就建立在机构投资者先行选择结果的基础上。但是，如果经理的互惠敏感性较低，无论机构投资者选择任何策略，经理都会开展管理防御行为以实现物质收益最大化，而如果经理的互惠敏感性处于中间值，就会以特定的概率产生随机化行为。

4.3.2　基于机构投资者互惠偏好的激励作用分析

命题 3：如果 $Y_2 < \frac{2(1-\beta)}{\alpha\beta u_t^{0.5} l^{-1}}$，机构投资者就会选择开展投机行为。

由命题 1 和命题 2 可知，在经理的互惠敏感性较低的情况之下，将一部分精力用于开展管理防御行为就成为其理性的选择。此时，从机构投资者的收益函数来看，只有互惠心理收益部分能促使其放弃投机行为，而物质收益则会促使其选择投机这一策略。但是，经理管理防御行为显然会造成机构投资者物质收益的降低，经理实施管理防御一定不是出于善意。因此，在完全信息条件下，基于对于经理信念的判断和行为的预期，机构投资者的物质收益和互惠心理收益将共同促使其先行选择投机策略，投机是其唯一能够选择的均衡行为。可见，以往一些文献之所以难以在解释机构投资者治理作用上达成一致结论，是因为这些研究忽略了机构投资者与公司内部人的互惠关系特征。如果公司经理的互惠敏感性较低，那么培养公司经理的互惠动机是抑制机构投资者投机行为的先决条件。

命题 4：如果 $Y_2 > \frac{2(1-\beta)}{\alpha\beta u_t^{0.5} l^{-1} - (1-\beta)\, u_i^{0.5}}$，机构投资者的均衡行为可能是以下三种情况之一：

（1）不管 Y_1 是任何值，机构投资者都会放弃开展投机行为；

（2）$Y_1 > \frac{2[u_i^{0.5} - (1-\alpha)\, u_t^{0.5}\, l^{-1}]}{\beta\, u_t^{0.5}\, u_i^{0.5}\, l^{-1} - (1-\beta)\, u_i\, \alpha^{-1}}$ 的机构投资者实施投机；

（3）$Y_1 > \frac{2[u_i^{0.5} - (1-\alpha)\, u_t^{0.5}\, l^{-1}]}{\beta\, u_t^{0.5} u_i^{0.5} l^{-1} - (1-\beta)\, u_i\, \alpha^{-1}}$ 的机构投资者放弃投机的概率为：

$$q = 1/2 + \frac{u_i^{0.5} - (1-\alpha)\, u_t^{0.5}\, l^{-1}}{Y_1[(1-\beta)\, u_i\, \alpha^{-1} - \beta\, u_t^{0.5} u_i^{0.5} l^{-1}]}。$$

证明：

（1）机构投资者对经理善意程度的确定。

结合命题1和命题2可知，如果 $Y_2 > \frac{2(1-\beta)}{\alpha\beta u_t^{0.5} l^{-1} + (\beta - 1)\, u_i^{0.5}}$，那么，当机构投资者放弃投机经理就放弃管理防御，当机构投资者投机经理也管理防御。进一步可知，机构投资者能够给予经理的最小物质收益是 $\pi_2(D, d)$，最大是 $\pi_2(C,c)$。所以，经理关于机构投资者的公平支付是：

$$\begin{aligned}\pi_2^{e_1}(b_{12}) &= (\pi_2(C,c) + \pi_2(D,d))/2 \\ &= \beta(S_m + S_o) - \beta(S_t + S_i)/2 + S_i/2 \end{aligned} \quad (4.31)$$

根据DK序贯互惠模型可知，机构投资者放弃投机对经理的善意是：

$$k_{12}(C,b_{12}) = \pi_2(C,c) - \pi_2^{e_1}(b_{12}) = [\beta(S_t + S_i) - S_i]/2 \quad (4.32)$$

同样地，机构投资者投机对经理的善意是：

$$k_{12}(D,b_{12}) = \pi_2(D,d) - \pi_2^{e_1}(b_{12}) = [S_i - \beta(S_t + S_i)]/2 \quad (4.33)$$

（2）机构投资者对“经理对机构投资者友善度”的信念的确定。

假定机构投资者可以自由选择策略，其选择放弃投机的二阶信念为 q''，即机构投资者相信经理会认为机构投资者选择放弃投机的概率为 q''，$q'' \in [0,1]$。那么，机构投资者认为“经理关于机构投资者选择均衡行为能够给予机构投资者的物质收益”的信念是：

$$\begin{aligned}\pi_1(b_{12}, c_{121}) &= q''\pi_1(C,c) + (1-q'')\,\pi_1(D,d) \\ &= \alpha[q''(S_t + S_i) + (S_m + S_o - S_t - S_i)] + (1-q'')\, S_t \end{aligned} \quad (4.34)$$

如果经理始终不进行管理防御行为，机构投资者的收益是：

$$\begin{aligned}\pi_1(a_1, c) &= q''\pi_1(C,c) + (1-q'')\,\pi_1(D,c) \\ &= \alpha[q'' S_t + (S_m + S_o - S_t)] + (1-q'')\, S_t \end{aligned} \quad (4.35)$$

如果经理始终采取管理防御策略，机构投资者的收益是：

$$\begin{aligned}\pi_1(a_1, d) &= q''\pi_1(C,d) + (1-q'')\,\pi_1(D,d) \\ &= \alpha[q'' S_t + (S_m + S_o - S_t - S_i)] + (1-q'')\, S_t \end{aligned} \quad (4.36)$$

所以，在(C,c)和(D,d)均衡行为下，机构投资者关于经理善意的信念是：

$$\begin{aligned}\lambda_{121}(b_{12},c_{121}) &= \pi_1(b_{12},c_{121}) - \pi_1^{e2}(c_{121})\\ &= [q''\pi_1(C,c) + (1-q'')\pi_1(D,d)]\\ &\quad - [q''\pi_1(C,c) + (1-q'')\pi_1(D,c)\\ &\quad + q''\pi_1(C,d) + (1-q'')\pi_1(D,d)]/2\\ &= \alpha S_i(q''-1/2) \qquad (4.37)\end{aligned}$$

第一个方括号指机构投资者的实际支付；第二个方括号指机构投资者的公平支付。

(3) 互惠心理收益函数的确定。

当$Y_2 > \dfrac{2(1-\beta)}{\alpha\beta u_t^{0.5} l^{-1} - (1-\beta)u_i^{0.5}}$，机构投资者放弃投机的收益是：

$$\begin{aligned}U_1(C,b_{12},c_{121}) &= \pi_1(C,c) + Y_1 k_{12}(C,c)\lambda_{121}(b_{12},c_{121})\\ &= \pi_1(C,c) + Y_1[\beta(S_t+S_i) - S_i][\alpha S_i(q''-0.5)]/2\end{aligned} \qquad (4.38)$$

而机构投资者实施投机的收益是：

$$\begin{aligned}U_1(D,b_{12},c_{121}) &= \pi_1(D,d) + Y_1 k_{12}(D,d)\lambda_{121}(b_{12},c_{121})\\ &= \pi_1(D,d) + Y_1[S_i - \beta(S_t+S_i)][\alpha S_i(q''-0.5)]/2\end{aligned} \qquad (4.39)$$

(4) 序贯互惠均衡的求解。

如果$U_1(C,b_{12},c_{121}) > U_1(D,b_{12},c_{121})$，机构投资者会放弃投机行为。在均衡中，二阶信念必须是正确的。因此，如果在均衡当中机构投资者放弃投机，必须满足条件$q''=1$，将$q''=1$代入不等式，得$Y_1 > \dfrac{2[S_t - \alpha(S_t+S_i)]}{\alpha S_i[\beta(S_t+S_i) - S_i]}$。

又因为$\alpha(S_t+S_i) > S_t$，$\beta(S_t+S_i) > S_i$，所以$\dfrac{2[S_t - \alpha(S_t+S_i)]}{\alpha S_i[\beta(S_t+S_i) - S_i]} < 0$。

因此，$Y_1 > \dfrac{2[S_t - \alpha(S_t+S_i)]}{\alpha S_i[\beta(S_t+S_i) - S_i]}$总是成立。

如果$U_1(C,b_{12},c_{121}) < U_1(D,b_{12},c_{121})$，机构投资者会实施投机行为。在均衡中机构投资者投机，必须满足条件$q''=0$，将$q''=0$代入不等式，

得 $Y_1 > \dfrac{2[u_i^{0.5} - (1-\alpha) u_t^{0.5} l^{-1}]}{\beta u_t^{0.5} u_i^{0.5} l^{-1} - (1-\beta) u_i \alpha^{-1}}$。

如果 $U_1(C, b_{12}, c_{121}) = U_1(D, b_{12}, c_{121})$，那么机构投资者将采取混合策略。并且在均衡中，二阶信念必须是正确的，即机构投资者选择投机这一策略的实际概率 q 必须满足该公式的条件。因此，化简公式得 $q = 0.5 + \dfrac{u_i^{0.5} - (1-\alpha) u_t^{0.5} l^{-1}}{Y_1[(1-\beta) u_i \alpha^{-1} - \beta u_t^{0.5} u_i^{0.5} l^{-1}]}$。证毕。

如果 $Y_2 > \dfrac{2(1-\beta)}{\alpha\beta u_t^{0.5} l^{-1} - (1-\beta) u_i^{0.5}}$，机构投资者会选择放弃投机，此时不管 Y_1 取任何值，都能够使博弈达到互惠均衡。由命题 1 和命题 2 可知，如果经理具有较高的互惠敏感性，机构投资者先行选择投机策略会导致经理管理防御行为的出现；若机构投资者在先行选择中放弃了投机，经理也会选择努力开展经营管理。所以，由于 $\pi_1(C, c) > \pi_1(D, d)$，机构投资者放弃投机行为将会获得更高的物质收益。另外，具有互惠动机的机构投资者也期望能得到经理的肯定和回报，放弃投机的策略也会增加其互惠心理收益。也就是说，在经理的互惠敏感性较高时，机构投资者放弃投机既是理性选择的结果，也是互惠动机影响下的选择。

同样，在 $Y_2 > \dfrac{2(1-\beta)}{\alpha\beta u_t^{0.5} l^{-1} - (1-\beta) u_i^{0.5}}$ 的情况下，机构投资者也可能选择投机行为，这只有在机构投资者互惠敏感性较高的时候才会发生。分析不等式 $Y_1 > \dfrac{2[u_i^{0.5} - (1-\alpha) u_t^{0.5} l^{-1}]}{\beta u_t^{0.5} u_i^{0.5} l^{-1} - (1-\beta) u_i \alpha^{-1}}$ 发现，在此均衡状态下，β 越大，不等式右边的值越小，越容易满足不等式条件。也就是说，随着经理薪酬业绩敏感性的提高，机构投资者实施投机行为的可能性也提高。

而 $Y_1 > \dfrac{2[u_i^{0.5} - (1-\alpha) u_t^{0.5} l^{-1}]}{\beta u_t^{0.5} u_i^{0.5} l^{-1} - (1-\beta) u_i \alpha^{-1}}$ 的机构投资者放弃投机的概率 q 与其持股比例 α 正相关，与经理薪酬业绩敏感性 β 正相关。即机构投资者的持股比例越高，其放弃投机策略的概率就越高，这是由于随着机构投资者持股比例的提高，其开展投机行为获得的收益递减，而经理薪酬业绩敏感性越高，机构投资者放弃投机的概率越高。

命题 4 考虑了经理互惠敏感性较大的情形。其中，子命题 1 的均衡是最合理的均衡，即在完全信息条件下，机构投资者对经理互惠敏感性较大的情况知晓，此时机构投资者的物质收益会驱使其放弃投机行为，且基于对经理信念判断下的互惠心理收益也会促使其作出同样的选择。然而，这里还存在着另一个以互惠为主要特征的均衡。如果在博弈的第一阶段，当机构投资者面临选择时，其认为“经理认为机构投资者会进行投机，经理在那种情形下也会进行管理防御”，机构投资者就会对经理作出不友善的判断。这一判断会导致机构投资者先行选择投机策略。不过，只有在机构投资者具有强烈的互惠动机时这一结果才成立。如果不满足这一条件，机构投资者还是会按照子命题 1 的分析作出放弃投机的决定。另一个均衡是机构投资者以概率 q 作出随机化选择，机构投资者的这一策略选择之后的经理会选择放弃开展管理防御。

命题 5：如果 $\frac{2(1-\beta)}{\alpha\beta u_t^{0.5}l^{-1}-(1-\beta)\,u_i^{0.5}}<Y_2<\frac{2(1-\beta)}{\alpha\beta u_t^{0.5}l^{-1}}$，机构投资者的均衡行为有下面三种可能：

（1）当 $Y_2>\frac{4(1-\beta)}{2\alpha\beta u_t^{0.5}l^{-1}-(1-\beta)\,u_i^{0.5}}$，机构投资者放弃投机；

（2）当 $Y_1<\frac{(1-\alpha-\beta)\,S_t\,Y_2+2(1-\beta)}{(1-\beta)^2\,S_i}$，机构投资者实施投机；

（3）当 $Y_2>\frac{4(1-\beta)}{2\alpha\beta u_t^{0.5}l^{-1}-(1-\beta)\,u_i^{0.5}}$ 或 $Y_1<\frac{(1-\alpha-\beta)\,S_t\,Y_2+2(1-\beta)}{(1-\beta)^2\,S_i}$，

机构投资者放弃投机行为的概率为 $q=\frac{\alpha(1-\beta)\,Y_2\,u_t^{0.5}\,l^{-1}-(1-\beta)\,Y_1\,Y_2\,u_i^{0.5}}{\alpha^{-1}\beta\,Y_1u_i^{0.5}-2\alpha\beta\,Y_2\,u_t^{0.5}\,l^{-1}}$。

证明：

（1）机构投资者对经理善意程度的确定。

由命题 1 和命题 2 可知，如果 $\frac{2(1-\beta)}{\alpha\beta u_t^{0.5}l^{-1}+(\beta-1)\,u_i^{0.5}}<Y_2<\frac{2(1-\beta)}{\alpha\beta u_t^{0.5}l^{-1}}$，

那么，当机构投资者选择放弃投机，经理以 $p=\frac{\beta(2+\alpha\,u_t^{0.5}\,l^{-1}Y_2)-2}{(1-\beta)\,u_i^{0.5}\,Y_2}$ 的概率放弃管理防御，当机构投资者投机经理就会选择管理防御（见命题 1 和

命题2）。因此，机构投资者能带给经理的最小收益是 $\pi_2(D,d)$ ，最大收益是 $p\,\pi_2(C,c)+(1-p)\,\pi_2(C,d)$。所以，经理关于机构投资者的公平支付是：

$$\begin{aligned}\pi_2^{e1}(b_{12}) &= [\pi_2(D,d)+p\,\pi_2(C,c)+(1-p)\,\pi_2(C,d)]/2\\ &= \beta[S_m+S_o-S_t/2+(p/2-1)\,S_i]+(1-p/2)\,S_i \end{aligned} \tag{4.40}$$

根据 DK 序贯互惠模型可知，机构投资者放弃投机对经理的善意是：

$$\begin{aligned}k_{12}(C,b_{12}) &= p\,\pi_2(C,c)+(1-p)\,\pi_2(C,d)-\pi_2^{e1}(b_{12})\\ &= [\beta p\,S_i+\beta\,S_t-p\,S_i]/2 \end{aligned} \tag{4.41}$$

机构投资者投机对经理的善意是：

$$\begin{aligned}k_{12}(D,b_{12}) &= \pi_2(D,d)-\pi_2^{e1}(b_{12})\\ &= [p\,S_i-\beta p\,S_i-\beta\,S_t]/2 \end{aligned} \tag{4.42}$$

（2）机构投资者对“经理对机构投资者友善度”的信念的确定。

假设 q'' 为机构投资者放弃投机的二阶信念，所以，机构投资者认为“经理认为通过他的均衡行为能给予机构投资者的物质支付”的信念是：

$$\begin{aligned}\pi_1(b_{12},c_{121}) &= q''[p\,\pi_1(C,c)+(1-p)\,\pi_1(C,d)]+(1-q'')\,\pi_1(D,d)\\ &= q''(p\alpha\,S_i+\alpha\,S_t-S_t)+\alpha(S_m+S_o-S_t-S_i)+S_t \end{aligned} \tag{4.43}$$

如果经理始终放弃管理防御，机构投资者的收益是：

$$\begin{aligned}\pi_1(a_1,c) &= q''\,\pi_1(C,c)+(1-q'')\,\pi_1(D,c)\\ &= q''(\alpha\,S_t-S_t)+\alpha(S_m+S_o-S_t)+S_t \end{aligned} \tag{4.44}$$

如果经理始终管理防御，机构投资者的收益是：

$$\begin{aligned}\pi_1(a_1,d) &= q''\,\pi_1(C,d)+(1-q'')\,\pi_1(D,d)\\ &= q''(\alpha\,S_t-S_t)+\alpha(S_m+S_o-S_t-S_i)+S_t \end{aligned} \tag{4.45}$$

所以，在经理的均衡策略之下，机构投资者关于经理善意的信念是：

$$\begin{aligned}\lambda_{121}(b_{12},c_{121}) &= \pi_1(b_{12},c_{121})-\pi_1^{e2}(c_{121})\\ &= q''[p\,\pi_1(C,c)+(1-p)\,\pi_1(C,d)]\\ &\quad+(1-q'')\,\pi_1(D,d)-[q''\,\pi_1(C,c)\\ &\quad+(1-q'')\,\pi_1(D,c)+q''\,\pi_1(C,d)\\ &\quad+(1-q'')\,\pi_1(D,d)]/2\\ &= \alpha\,S_i(pq''-1/2) \end{aligned} \tag{4.46}$$

（3）互惠心理收益函数的确定。

当经理采取均衡策略，并且机构投资者的二阶信念是 q'' 的情况下，机构投资者选择放弃投机的收益是：

$$\begin{aligned} U_1(C,b_{12},c_{121}) &= p\,\pi_1(C,c) + (1-p)\,\pi_1(C,d) - Y_1 k_{12}(C,c_p)\lambda_{121}(b_{12},c_{121}) \\ &= p\,\pi_1(C,c) + (1-p)\,\pi_1(C,d) \\ &\quad - Y_1\{1/2[\beta p S_i + \beta S_t - p S_i]\}\alpha S_i(pq''-1/2) \end{aligned} \tag{4.47}$$

而机构投资者选择投机的收益是：

$$\begin{aligned} U_1(D,b_{12},c_{121}) &= \pi_1(D,d) - Y_1 k_{12}(D,d)\lambda_{121}(b_{12},c_{121}) \\ &= \pi_1(D,d) - Y_1\{1/2[p S_i - \beta p S_i - \beta S_t]\}\alpha S_i(pq''-1/2) \end{aligned} \tag{4.48}$$

（4）序贯互惠均衡的求解

如果 $U_1(C,b_{12},c_{121}) > U_1(D,b_{12},c_{121})$，机构投资者会放弃投机。放弃投机的条件必须是 $q''=1$，这只有当 $p>0.5$ 时才会发生。带入参数并化简得 $Y_2 > \dfrac{4(1-\beta)}{2\alpha\beta u_t^{0.5} l^{-1} - (1-\beta)\,u_i^{0.5}}$（参考命题2（3）的 $p = \dfrac{\alpha\beta S_t Y_2 - 2 + 2\beta}{(1-\beta)\alpha S_i Y_2}$）。

当 $U_1(C,b_{12},c_{121}) < U_1(D,b_{12},c_{121})$，在均衡中机构投资者投机，投机的条件必须是 $q''=0$，将 $q''=0$ 和公式 $p = \dfrac{\beta(2+\alpha u_t^{0.5} l^{-1} Y_2) - 2}{(1-\beta)\,u_i^{0.5} Y_2}$ 代入不等式，得到 $Y_1 < \dfrac{(1-\alpha-\beta) S_t Y_2 + 2(1-\beta)}{(1-\beta)^2 S_i}$。

当 $U_1(C,b_{12},c_{121}) = U_1(D,b_{12},c_{121})$，机构投资者实施混合策略。将公式 $p = \dfrac{\beta(2+\alpha u_t^{0.5} l^{-1} Y_2) - 2}{(1-\beta)\,u_i^{0.5} Y_2}$ 代入等式，得到 $q = \dfrac{\alpha(1-\beta) Y_2 u_t^{0.5} l^{-1} - (1-\beta) Y_1 Y_2 u_i^{0.5}}{\alpha^{-1}\beta Y_1 u_i^{0.5} - 2\alpha\beta Y_2 u_t^{0.5} l^{-1}}$。证毕。

$Y_2 > \dfrac{4(1-\beta)}{2\alpha\beta u_t^{0.5} l^{-1} - (1-\beta)\,u_i^{0.5}}$ 时，β 越大，α 越大，l 越小，不等式右边的值越小，不等式条件越容易被满足。

$Y_1 < \frac{(1-\alpha-\beta)\, S_t Y_2 + 2(1-\beta)}{(1-\beta)^2 S_i}$时，$Y_2$越大，不等式右侧的值越大，不等式的条件越容易被满足。

$Y_2 > \frac{4(1-\beta)}{2\alpha\beta u_t^{0.5} l^{-1} - (1-\beta)\, u_i^{0.5}}$或$Y_1 < \frac{(1-\alpha-\beta)\, S_t Y_2 + 2(1-\beta)}{(1-\beta)^2 S_i}$时，机构投资者选择放弃投机这一策略的概率为$q = \frac{\alpha(1-\beta)\, Y_2 u_t^{0.5} l^{-1} - (1-\beta)\, Y_1 Y_2 u_i^{0.5}}{\alpha^{-1}\beta Y_1 u_i^{0.5} - 2\alpha\beta Y_2 u_t^{0.5} l^{-1}}$。$\alpha$越大，$Y_1$越大，概率$q$越大。

命题5当中，子命题1的结论是可信的，因为如果机构投资者认为经理有很高的可能性放弃实施管理防御，那么无论从物质收益方面考虑，还是从互惠心理收益方面考虑，放弃投机行为都会使得机构投资者的收益提升。但是，这里还存在一个以互惠性为特征的均衡。如果机构投资者认为“经理认为机构投资者会选择投机，并且经理也会选择管理防御作为反击”，那么机构投资者就会选择不友善的行为或者随机化行为。也就是说，当机构投资者预期经理是不友善的，就可能产生投机行为，然而只有当机构投资者充分受到互惠动机驱动才会出现这样的结果，否则机构投资者将会选择友善的行为。

4.4 本章小结

本章借鉴 Dufwenberg 和 Kirchsteiger 建立的序贯互惠模型，为机构投资者和经理植入了互惠偏好，分析机构投资者和经理之间的互惠博弈过程和影响因素，解释二阶信念下互惠动机是如何改变行为策略的。证实了机构投资者和经理的行为不仅受到机构投资者持股比例、经理薪酬绩效敏感性等客观外部因素的影响，更重要的是受到双方互惠动机的影响，以及双方对彼此行为和信念的判断的影响。研究结论可以归纳为以下几点：第一，当经理充分受互惠动机驱动，如果机构投资者不实施投机，经理也就不会产生管理防御行为；反之，如果机构投资者投机，经理就会实施管理防御行为以降低自身利益的损失。第二，如果经理的互惠敏感性较小，无论机构投资者采取何种策略，管理防御行为都是经理的理性选择结果。第三，经理的互惠敏感性低会促使机构投资者投机行为的发生。第四，当经理的互惠敏感性较大，无论机构投资者的互惠敏感性如何，放弃投机都是机构投资者最合理的均衡选择。第五，较高的机构投资者持股比例、较高的经理薪酬业绩敏感性，或较低的公司大股东持股能促进机构投资者和经理互惠行为产生激励作用，抑制经理管理防御行为和机构投资者投机行为。本章的研究证实了 Marco 和 Immordino（2013）[39]所提出的观点，有效的合作依靠互惠驱动型人员来维持，但是当自利性成员出现，互惠性成员的反击会导致信任和合作全面崩塌。

第 5 章

机构投资者互惠行为对公司非效率投资影响的实证检验

基于上一章对机构投资者和经理互惠博弈过程和影响因素的分析，本章在Sahlins的互惠分类基础上对机构投资者互惠行为的激励作用进行实证检验。Sahlins定义了三种互惠：广义互惠、平衡互惠和负互惠。这三种类型的互惠涉及互惠双方不同的心理授权、感情承诺和信任。同时，Sahlins认为只有通过实证检验，才能真正理解这三种互惠。投资决策是公司最重要的财务决策之一，是公司发展和持续增长的动力。然而，经理在公司内外部压力下会出于维护职位稳定等目的，选择有利于个人利益而非公司整体利益的策略和行为，即经理管理防御行为，而非效率投资正是经理实施管理防御的渠道之一。本章考虑到国有上市公司和非国有上市公司的差异，从投资决策角度，对机构投资者互惠行为在降低经理管理防御方面的影响进行了理论论述和实证检验。

5.1　研究假设

在公司内外部压力下，经理往往会表现出“短视”，通过增加公司短期价值，向利益相关者提供公司效率的信号，或者构建“经理帝国”来保障自身的职位稳固性。短视的投资行为导致了短视的公司决策，潜在地摧毁了公司的长期价值。大多数经理承认他们愿意为短期利润牺牲长期股东价值（Graham 等，2005）[235]。与个人投资者相比，机构投资者拥有私人信息，拥有更高的所有权，以及更多的激励措施来监督经理，并推动更好的业绩。有研究指出，机构投资者在迫使经理减少管理防御行为上能够起决定性作用（Shleifer 和 Vishny，1986）[6]。Cronqvist 和 Fahlenbrach（2009）[236]的研究表明，机构股东对于约束经理管理防御，是一股有效的治理力量，其可以通过退出、行使发言权或与其他治理力量相结合，对公司的投资政策产生重大影响。

如果机构投资者向经理提供支持和帮助，不要求经理给予相应的回报，那么这就是广义互惠行为（Sahlins，1972）[38]。广义互惠下，有时机构投资者会以一种非公开的方式与经理进行短期或长期的接触，通常是私下协商。机构投资者能够考虑到经理的需求，会借助其信息、人才和资金优势协助经理开展投资决策。同时，即使经理选择风险较高的投资项目，具有广义互惠偏好的机构投资者也不会大量抛售股票套利，会通过持续持股稳定公司股价和提高公司声誉（Bhattacharya 和 Graham，2009）[237]。并且，机构投资者相对于个人股东而言可能具有信息优势，其充当了个人股东和公司经理之间的缓冲，从而允许公司经理专注于具有长期回报的项目。所以，如果机构投资者实施广义互惠，经理投资规模和投资方向将更为合理。一方面，项目风险给经理职位稳固性带来的威胁将降低，经理可以专注于增强公司发展动力，合理规划项目投资重点。另一方面，投资决策的科学性将提高，项目获得成功有可能为经理赢得项目提成等额外物质奖励。并且，经理在与机构投资者多次博弈过程中，能感受到机构的善意，会主动选择优质投资项目来提升公司整体价值，还有利于机构投资者。因此，本书认为从事广义互惠的机构投资者能够获得被投资公司经理的信任和情感回报，从而降低经理管理防御行为，减少非效率投资。

但是，由于广义互惠的回报具有不确定性，甚至可能无法弥补支出，因此机构投资者出于追逐利润的目的，可能没有实施广义互惠的意愿（Pearce 和 Manz，2005）[238]。而平衡互惠强调个体之间通过合作改善整体生存环境，机构投资者和经理的需要将受到同等重视（Wu 等，2006）[21]。机构投资者拥有高级管理技巧和大量资源，具有平衡互惠倾向的机构投资者会借助其集中化干预力和控制力弥补公司现有监督管理体系的不足，帮助公司降低信息不对称（Lin 和 Fu，2017；Shleifer 和 Vishny，1997）[138][170]，使其与经理之间形成一个相互依赖、相互制约的机制。在此互惠共生体中，机构投资者和经理依靠平衡互惠机制维持着一种长期合约关系，双方在重复博弈和竞争过程中，共同协作，共同创造价值，促进双方利益在系统整体利益的发展中得到提高。所以，为了双方对项目收益的需要，实施平衡互惠的机构投资者愿意为经理的投资决策给予更多的帮助和支持。一方面，机构投资者运用其高度发展的管理技能、专业知识和投票权，除了提高经理的投资决策水平外，还帮助提高投资项目的运行效率和管理水平。另一方面，当公司需要资金扩张时，这些机构投资者可以提供资金或利用他们的关系来帮助公司融资。然而，当经理的经营管理业绩不符合机构投资者的预期，机构投资者的抛售行为会导致股价下跌，这将被解读为坏消息，从而引发其他投资者的抛售，导致公司股价下跌，以及随之而来的资本成本上升（Parrino 等，2003）[165]。为了维护双方的战略关系，经理就有动机以符合机构投资者选择标准的方式来经营公司，作出符合公司长期战略发展需要的投资决策。同时，经理对公司股价表现敏感，将更谨慎地对待投资机会，以避免短期收益出现任何下跌。经理会着力提高投资决策有效性以期获得机构投资者的信任与合作。最后，平衡互惠强调长期合作，等价交易会使得经理获得激励并承担适度的承诺和义务（蒲勇健，2007）[47]。

与以上两种互惠类型不同的是，负互惠个体不受利他主义支配，具有严重自利倾向。负互惠下，机构投资者不考虑经理的需求，甚至会以经理的职位稳定或者权利为代价谋求自身利益最大化。机构投资者面临着短期回报的压力，为了保持短期竞争力，可能不会采取长期价值投资策略（宋建波等，2012）[188]。在公司内部，机构投资者可能通过股东提案和推荐董事等方式对经理形成权力制衡，也可能通过集体诉讼和委托投票权征集等方式干涉经理行为。在公司外部，机构投资者可能通过市场接管和并购等行为影响公司内部决策。过度干涉会挤压经理的权利范围和利益空间，而市场接管等行为会造成公司股价异常波动，威胁经理职位安全。在这样的情况下，经理为了加强自身的不可替代性，迫切需要扩大公司规模以营造稳固的“经理帝国”。因此，公司自由现金流就有可能被用于净现值为负的项目，而不是作为现金股利分配给股东（Jensen，Meckling，1976）[69]。此外，经理可能会通过短期投资行为达成其任期内业绩目标，提高个人声誉（Lundstrum，2002）[96]。而为了增加自身在公司的话语权，可能会盲目开展多元化投资（Denis 和 Sarin，1997）[102]。可见，当机构投资者对经理缺乏认可和关心，非效率投资就成为经理抵御公司内外部威胁和保障职位稳固的手段。因此，实施负互惠的机构投资者会加剧经理管理防御，公司非效率投资问题会更严重。因而，本书提出如下假设：

H1：机构投资者对经理实施广义互惠行为能够降低公司非效率投资现象。

H2：机构投资者对经理实施平衡互惠行为能够降低公司非效率投资现象。

H3：机构投资者对经理实施负互惠行为不能降低公司非效率投资。

上述机构投资者对经理管理防御影响的分析是基于机构投资者互惠行为角度展开的。然而，上述影响的重要性取决于机构投资者参与公司治理的能力，这取决于机构投资者的所有权大小（伊志宏和李艳丽，2013）[149]。机构投资者所有权的增加可能会削弱那些从少数股东手中赚取财富的经理的控制力，从而提高公司的业绩（Lin 和 Fu，2017）[138]。孙光国等（2015）[143]研究认为，机构投资者的持股比重会显著影响其治理效应的发挥。尤其是在中国这样一个较为典型的转型与新兴经济国家，上市公司的股权较为集中，且通常都有一个国有或非国有的控制性股东（李胜楠等，2015）[151]。控股股东可能具备控制股东大会或董事会决议的能力，从而能在一定程度上掌握经理的聘任、解聘和报酬等事项。经理在进行投资决策时势必会在满足个人利益的同时倾向于考虑控股股东的需求，而不是公司整体价值。并且，控股股东在公司当中的话语权会削弱经理管理决策权的发挥（Johnson 等，2000）[239]。因此，机构投资者互惠要发挥出激励作用，不仅要具备同经理博弈的能力，重要的是应当具有一定的与控股股东讨价还价的能力。持股比例较高的机构投资者才能够在公司获得话语权，经理在进行重大决策时需要与机构投资者协商和沟通，机构投资者互惠行为才有发挥作用的载体。Boone 和 White（2015）[201]发现更高的机构所有权与更高的管理信息披露和更低的信息不对称有关。另外，持股比例较大的机构投资者如若“用脚投票”，对公司所产生的影响更大，机构投资者采取互惠行为能够发挥应有的效果。基于以上分析，提出假设：

H4：机构投资者持股比例上升能够加强机构投资者互惠行为对公司非效率的影响。

但是，由于中国上市公司存在复杂的所有权结构，各所有权结构会产生相应的产权制度和控制权分配形态，因此机构投资者互惠的激励作用在各类公司中可能存在一定的差异。将产权性质区分为国有和非国有两类。国有企业普遍存在“所有者缺位”现象，经理能够掌握公司实际的投资决策权。所以，如果机构投资者对国有企业经理实施互惠行为，往往可以对经理产生一定的激励作用，并直接体现在公司日常经营活动和决策活动中，而非国有企业经理大多受控于控股股东，或者直接由控股股东委派或兼任，机构投资者对经理的善意和恶意行为都需要通过经理间接作用于掌握实际控制权的控股股东之上。而互惠行为是施惠者和受惠者之间的博弈，互惠所产生的激励作用是通过激发受惠者内心情感发挥出来的（Rabin，1993）[14]。因此，机构投资者互惠行为对国有企业经理所产生的激励作用比对非国有企业经理的更直接，影响程度更大。在中国公司国有股“一股独大”的特殊制度背景下，“预算软约束”和政府对国有企业宽松政策会造成国有企业经理缺乏约束和限制，经理可以从财务和政治上能得到政府提供的便利，即使经营不善，也更容易获得政府的帮助。由此可见，国有企业的制度安排决定了经理会更多地受到政策的激励，而机构投资者持股比例上升对机构投资者互惠激励作用的调节作用，在政策的力量下，也会减弱。因而提出如下假设：

H5：与非国有上市公司相比，在国有上市公司中，机构投资者互惠行为对经理管理防御的影响更大，但机构投资者持股的调节作用更弱。

5.2　研究设计

5.2.1　研究样本与数据来源

本书样本数据由以下两方面构成：

一方面，通过调研获取问卷数据。在2017年内通过西安理工大学MBA（工商管理硕士）、EMBA（高级管理人员工商管理硕士）全国移动课堂发放互惠量表并进行现场测试，共计收回量表问卷275份，这些问卷将作为考察调查对象任职公司的机构投资者互惠类型和程度的依据。并剔除以下调查对象作答的问卷：未在沪深A股上市公司任职；在公司任职不足一年；非以下岗位：公司总经理、副总经理、总经理助理、总会计师和总工程师等，不包括董事、监事、党委书记、工会主席等（上述人员兼任该职的除外）。通过以上方式筛选得到有效问卷244份。

另一方面，借助RESSET数据库和WIND数据库获取问卷调查对象所任职上市公司的相关信息数据，包括2016—2017年公司股权结构和机构投资者持股状态等。剔除如下公司样本：金融类公司；ST、＊ST公司；股东中无机构投资者的公司；第一大股东持股比例低于30%的公司；数据不全和数据异常的公司。最终筛选得到213家公司为研究样本。

5.2.2 研究变量与衡量

5.2.2.1 非效率投资

目前，衡量公司投资效率的模型主要有Fazzari（1988）[240]的投资——现金流敏感性模型、Vogt（1994）[241]的现金流与投资机会交互判别模型和Richardson（2006）[242]的残差度量模型。其中，Richardson的模型建立在自由现金流理论上，从资本结构、公司成长性、盈利能力、现金持有量、规模等方面推算合理的投资水平，如果公司的实际投资水平偏离该值，即为非效率投资。该模型指标选取恰当、操作简单，在近年的文献中被广泛应用。本书借鉴Richardson的残差度量模型，并结合辛清泉（2007）[243]和刘志远（2013）[244]的投资效率衡量方法计算公司非效率投资。公司总支出（Inv_t）由当前项目支出（Im_t）和新增项目支出（$Inew_t$）两部分构成。其中，新增项目支出（$Inew_t$）的具体衡量过程见（5.1）式。

$$Inew_t = \beta_0 + \beta_1 Inew_{t-1} + \beta_2 Growth_{t-1} + \beta_3 Lev_{t-1} + \beta_4 Cash_{t-1} + \beta_5 Age_{t-1} + \beta_6 Size_{t-1} + \beta_7 Ret_{t-1} + \sum Ind + \sum Year + \varepsilon \qquad (5.1)$$

上述回归模型的拟合值反映公司适度投资规模，模型的残差代表超出或低于适度投资的部分。若残差大于零，表示公司投资过度；若残差小于零，表明公司投资不足。本书将该模型的残差取绝对值，以反映公司实际投资规模对适度投资规模的偏离程度。其他变量定义如表5-1所示。

表5-1　投资效率模型中各变量定义

变量名称	变量符号	变量定义
新增投资支出	$Inew_t$	t年（资本支出+并购支出-出售长期资产收入-折旧）/t年初总资产
投资机会	$Growth_{t-1}$	t-1年营业收入增长率
财务杠杆	Lev_{t-1}	t-1年末资产负债率
现金持有量	$Cash_{t-1}$	t-1年末公司持有的现金以及现金等价物总和除以总资产
上市年限	Age_{t-1}	截至t-1年末公司上市年限
公司规模	$Size_{t-1}$	t-1年末总资产的自然对数
股票收益率	Ret_{t-1}	t-1年股票的年度回报率
行业虚拟变量	$\sum Ind$	行业虚拟变量，根据CSRC证监会行业分类标准
年度虚拟变量	$\sum Year$	年度虚拟变量

5.2.2.2　机构投资者互惠

Sahlins（1972）[38]的互惠类型学有助于学者通过考虑交换伙伴的动机、交换资源的即时性和等价性来探索各种个体、组织关系背后的理论基石，为互惠机制的检验提供新的线索。Marco和Immordino（2013）[39]的研究指出，在有效的互惠合作关系中，缔结着互惠关系的合作双方所实施的行为能够被观察和证实。Wu等（2006）[21]基于Sahlins对互惠类型的划分，设计了针对中国公司的互惠量表，并得到了较高的信度和效度。李秉祥等（2015）[41]考虑公司治理过程中机构投资者对经理的互惠偏好，编制了互惠量表，探讨机构投资者互惠行为与公司非效率投资的关系。本书采用李秉祥等（2015）[41]的量表计量机构投资者互惠。量表包含了4个广义互惠项目、5个平衡互惠项目和6个负互惠项目。其中，从事广义互惠的机构投资者具有奉献者特征；实施平衡互惠的机构投资者是合作者，关注互惠双方的整体利益；实施负互惠的机构投资者只重视自身利益的实现。量表中各项目均采用 Likert 五级选项设计，1 至 5 级依次表示“完全不同意、不同意、不清楚、同意、完全同意”。本书建立的互惠量表如表 5 - 2 所示。另外，我们利用 Cronbach 模型，求出互惠量表中 *GR* 量表、*BR* 量表和 *NR* 量表的 α 系数分别为 0.860、0.777 和 0.865，均介于 0.70—0.98 的高信度区间（见附录），说明量表可以被接受并应用于研究。

表 5 - 2　　互惠量表

项目	Likert 五级选项				
	完全同意	同意	不清楚	不同意	完全不同意
广义互惠（GR）					
1. 即使公司股价下跌，您认为机构投资者仍旧会有底线坚守，对公司长期发展战略给予信任和尊重。					
2. 即使您不能给予机构投资者稳定分红，短期内也不能为机构投资者带来股票升值收益，您认为投资于您任职公司的机构也会愿意继续持有公司股票并参与治理，帮助公司提高内部治理水平。					
3. 您觉得没有任何附带条件，机构投资者就是愿意持有公司的股票，愿意为您本人争取话语权。					
4. 在过去一段时间内，投资于您任职公司的机构关心公司的治理情况，同时关心您的报酬增长、声誉和职位稳固性等，这种关心超出了对“短期套现”的关注。					
平衡互惠（BR）					
1. 您认为机构投资者不但关注自身利益，也关心公司及您本人的利益。					
2. 您认为机构投资者注重同公司战略合作伙伴关系的建立，是出于寻求长期稳定的利益的目的。					
3. 机构投资者积极监督公司的业务，减少信息不对称，帮助公司价值提升来保障您的声誉，加强其他股东对您的信任，付出这些努力是希望得到更多具有价值的公司内部信息，以及公司股票增值收益，您是否同意该观点？					

续表

项目	Likert 五级选项				
	完全同意	同意	不清楚	不同意	完全不同意
4. 您认为机构投资者对目标公司的选择具备以下特点：对具有良好治理水平的公司愿意支付较高的股票溢价；而如果公司业绩表现不佳，未来经营面临较大不确定性，机构会选择卖出股票避险。					
5. 通过观察投资于您任职公司的机构投资者，您发现其在参与公司治理过程中，会积累公司某些成功的、有效的管理方法和基本准则等专业知识。同时，会借助其专业知识解决您面临公司管理难题。您认同此说法吗?					
负互惠（NR）					
1. 您感到机构投资者会做出威胁到您管理权威和管理地位的事情，或者机构投资者曾经这么做过。					
2. 您认为机构投资者从不关心您的职业发展，他们具有价差逐利的特征，投资于您任职公司仅是为了赚取短期收益，并不在乎这样的行为是否会造成公司股价过度反应。					
3. 在您与机构投资者多次博弈之后，您发觉您本人从机构得到的帮助不足以弥补机构短视行为对您本人造成的伤害和给公司带来的损失。					
4. 您可以明显感到机构投资者正在或者曾经积极探查公司的违规行为并且加以干涉，通过征集委托投票权、制造舆论等方式对两权分离带来的后果进行规避，无视您的职位是否会受到威胁。					
5. 您认为如果机构投资者支付了较高的股票溢价，或者损失自身成本帮助您进行决策，是希望趁股价上涨大局套现，而不是出于提高公司治理水平的目的。					
6. 您有时会受到这样的利益威胁：机构投资者为实现超额收益，会对公司管理层提出各种议案，以及通过媒体等公开途径迫使管理层接受提案。					

资料来源：Wu 等（2006）。

5.2.2.3 机构投资者持股比例

尽管机构投资者主要持有的是流通股，可是在样本的研究区间内，上市公司股本结构中存在着流通股和非流通股之分。不过，为了能全面体现机构持股比例对上市公司绩效的影响，本书将机构投资者持股比例（*INShold*）定义为前十大股东中机构投资者持有的所有股份与上市公司总股本之比，即机构投资者持股比例（*INShold*）=前十大股东中机构持股量/总股本量。另外，考虑到统计口径的一致性，本书中一律采用年末持股比例进行计算。

5.2.2.4 公司产权性质

本书将公司的产权类型（*SHtype*）划分为国有和非国有两类，国有企业赋值1，非国有企业赋值0。

5.2.2.5 控制变量

本书选取大股东持股比例（*LShold*）、经理持股（*MAhold*）、经理薪酬（*MAcompen*）、现金流水平（*CAflow*）和公司规模（*Size*）为模型的控制变量。各变量的定义如表5-3所示。

表5-3 变量定义

变量类别	变量名称		变量符号	变量定义
被解释变量	投资偏差		I_ε	投资效率模型残差的绝对值
解释变量	互惠	广义互惠	*GR*	借助 Likert 五级量表统计广义互惠题项得分均值
		平衡互惠	*BR*	借助 Likert 五级量表统计平衡互惠题项得分均值
		负互惠	*NR*	借助 Likert 五级量表统计负互惠题项得分均值
	机构持股比例		*INShold*	机构持股量/总股本量
	公司产权性质		*SHtype*	国有企业取值1；非国有企业取值0
控制变量	大股东持股		*LShold*	公司第一大股东持股量/公司总股本量
	经理持股		*MAhold*	经理持股总量/公司总股本量
	经理薪酬		*MAcompen*	经理薪酬总额的自然对数
	现金流水平		*CAflow*	每股经营活动现金净流量
	公司规模		*Size*	总资产自然对数

5.2.3 研究模型

本书首先建立模型1来考察机构投资者互惠对经理管理防御的影响：

模型1：$I_{\varepsilon} = \beta_o + \beta_1 Reciprocity + Controls + \varepsilon$ (5.2)

其中，机构投资者互惠变量（*Reciprocity*）包括广义互惠（*GR*）、平衡互惠（*BR*）和负互惠（*NR*），在回归过程中将对变量逐个考察。

通过模型2考察机构投资者持股比例在机构投资者互惠影响公司投资效率中的调节作用：

模型2：$I_{\varepsilon} = \beta_o + \beta_1 Reciprocity + \beta_2 INShold + \beta_3 Reciprocity \times INShold + Controls + \varepsilon$ (5.3)

上述模型设立了交叉项来考察机构投资者治理能力的调节作用。

5.3 实证检验结果

5.3.1 描述性统计与差异检验

表5-4汇总了各变量描述性统计和差异性检验结果。从全样本看，样本公司投资效率偏离程度 I_{ε} 的均值和标准差分别为0.263和0.428，这反映出我国上市公司非效率投资现象普遍比较严重，亟须对非效率投资的产生和抑制进行理论探讨和实践检验。经理对机构投资者实施广义互惠（*GR*）的认同度较低，得分均值仅1.484；而对平衡互惠（*BR*）的认同程度最高，得分均值为1.796，负互惠（*NR*）次之，得分为均值1.565。这一检验结果能很好地解释这一现实情况：实施广义互惠需要付出情感和资本，但是未来获得回报的不确定性巨大。机构投资者将资金注入公司，渴望实现利益增长，所以广义互惠不是机构的最佳选择。而平衡互惠所营造的战

略合作关系以及负互惠所带来的立即回报更能满足机构投资者对利益的要求。机构投资者持股均值 *INShold* 均值 0.131，标准差 0.161，最大值高达 0.90，说明在中国上市公司当中，机构投资者已经具备一定的持股规模，其参与公司治理的作用不容忽视。其他控制变量可以看出，公司第一大股东持股 *LShold* 较多，其均值 0.356，标准差 0.158。说明大多数公司存在具有控股股东，且持股比例在统计均值周围波动较为稳定。经理持股 *MAhold* 和经理薪酬 *MAcompen* 的统计结果反映出中国上市公司经理股权激励普遍较弱，而各公司的经理薪酬水平差异较大。公司规模 *Size* 的均值为 21.887，标准差 1.006，说明最大规模公司与最小规模公司具有较大的差距，将 *Size* 作为控制变量可以较好地控制公司规模对经理管理防御行为的影响。

再从国有和非国有企业的比较看，两种产权性质不同的公司在机构投资者互惠和经理管理防御上均存在显著差异。国有企业非效率投资程度显著高于非国有企业（$t = 5.631$，$p < 0.050$）。这初步表明，由于国有企业产权保护和激励不足的双重影响，使得国企经理在进行决策时会偏向行政需要而不是公司的实际需要。所以，投资效率低下是这一产权性质下的必然结果。国有企业机构投资者的广义互惠程度显著高于非国有企业（$t = 3.083$，$p < 0.050$），这表明，机构投资者互惠行为可能会受到公司产权性质的影响，在不同性质的公司中，机构投资者互惠行为所发挥的作用与效果也可能存在差异。国有企业第一大股东持股比例显著高于非国有企业（$t = 6.491$，$p < 0.050$），这符合我国的国有企业改制后大多维持国有资本控股的现实情况。国有企业的规模更大（$t = 7.816$，$p < 0.050$）。

5.3.2 回归分析

5.3.2.1 机构投资者互惠对管理防御的影响

从表 5-5 的回归结果看，首先，分析机构投资者互惠对非效率投资者的影响。机构投资者广义互惠与公司非效率投资呈显著负相关（$B = -0.327$，

表5-4 变量描述性统计与差异检验

变量	全样本（N=213）				国有原本（N=115）				非国有原本（N=98）				均值检验（t值）
	最小值	最大值	均值	标准差	最小值	最大值	均值	标准差	最小值	最大值	均值	标准差	国有 VS 非国有
I_{ε}	0.03	5.530	0.263	0.428	0.05	5.530	0.387	0.474	0.03	4.19	0.117	0.370	5.631*
GR	0.00	4.75	1.484	1.092	0.00	4.75	1.687	1.224	0.00	4.25	1.245	0.859	3.083*
BR	0.00	5.00	1.796	1.056	0.00	5.00	1.729	1.046	0.00	5.00	1.876	1.068	-1.011
NR	0.00	5.00	1.565	1.205	0.00	5.00	1.635	1.215	0.00	5.00	1.483	1.193	0.916
INShold	0.00	0.90	0.131	0.161	0.00	0.90	0.144	0.180	0.00	0.64	0.116	0.137	1.287
LShold	0.07	0.90	0.356	0.158	0.09	0.84	0.389	0.151	0.07	0.90	0.318	0.164	6.491*
MAhold	0.00	0.51	0.006	0.041	0.00	0.51	0.008	0.049	0.00	0.27	0.005	0.030	0.545
MAcompen	12.10	17.19	14.428	0.718	12.70	16.53	14.339	0.631	12.10	17.19	14.533	0.799	-1.946
CAflow	-3.64	6.13	0.218	0.899	-3.64	6.13	0.253	1.075	-2.13	2.33	0.177	0.639	0.617
Size	19.04	26.07	21.887	1.006	19.04	26.00	22.417	1.115	19.14	25.47	21.665	0.865	7.816*

注：* 为 $P<0.050$。

$P<0.05$)，与 H1 吻合；机构投资者负互惠与非效率投资呈显著正相关（$B=0.491$，$P<0.01$），与 H3 吻合；而机构投资者平衡互惠与非效率投资没有通过显著性检验。这些研究结果与李秉祥等（2015）[41]的研究基本一致。大股东持股比例越高，公司非效率投资越严重（$B=0.516$，$P<0.01$）。现金流水平与公司非效率投资显著正相关（$B=0.090$，$P<0.01$），说明在具有较多现金流的公司，经理管理防御特别严重，经理可能把这些现金投资于低收益项目或在低下的组织中浪费。也验证了 Richardson 的研究：具有较高现金流水平的公司容易出现过度投资行为（冯慧群和马连福，2013）[245]。公司规模与非效率投资显著正相关（$B=0.393^{***}$，$P<0.01$）。

H1 得到验证，说明在中国上市公司，机构投资者广义互惠行为对经理具有显著的激励作用，在此激励下经理愿意放弃开展管理防御行为，以维护其与机构投资者的广义互惠关系。H3 通过检验说明机构投资者的负互惠行为会引发经理的抵触和防御反应，不利于公司投资决策水平的提升。H2 没有通过检验是由于平衡互惠具有多面性。一方面，机构投资者对双方利益的关注能够增进双方战略合作和情感关系，从而强化自身的公司治理参与度，帮助改善经理财务决策水平。另一方面，经理个人利益与公司整体利益往往不一致，机构投资者与经理之间的协作可能只满足了经理的个人需要。中国公司股权集中度较高，机构投资者不具备股权优势，因此需要借助公司内部成员谋求资源共享。当机构投资者的投机行为和经理的短视行为达成一致目标时，两者可能会产生“合谋”。虽然“合谋”也具有“一报还一报”的平衡互惠属性，但是会损害公司价值。因此，由于平衡互惠的激励效应和损害效应同时存在，仅通过平衡互惠难以改善经理管理防御问题。

5.3.2.2 机构投资者持股在机构投资者互惠影响管理防御中的调节作用

从表 5-5 的结果看，模型 2 中，机构投资者持股与公司非效率投资显著负相关（$B=-0.197$，$P<0.1$）。机构投资者持股与机构投资者广义互惠的交叉项系数为负，与广义互惠变量系数符号相同，且在 1% 水平上显

著（B = -0.463，P<0.05）说明机构投资者持股的提升会加强广义互惠对非效率投资的负向影响。机构投资者持股比例的提升，意味着在公司中的话语权和治理能力都将提高，其实施广义互惠会对经理的利益获得和心理产生更大的影响。机构投资者持股与机构投资者负互惠的交叉项系数为正，这与负互惠变量系数符号相同（B=0.308，P<0.05），说明机构投资者持股能够加强负互惠对非效率投资的关系，这种调剂作用不仅从整体上加剧了非效率投资，也使得非效率投资随机构投资负互惠的变动趋势加快。以上结果说明机构投资者持股会加强机构投资者互惠与管理防御的关系，与 H4 相一致。

5.3.2.3　不同产权性质下的分析

表 5-6 是分产权性质下的机构投资者互惠与管理防御的回归分析。从表 5-6 可以看出，模型回归的拟合效果较好。国有控制样本校正的决定系数 R^2 为和非国有控制样本校正的决定系数 R^2 均比较理想。

结果显示，在国有企业中，机构投资者持股比例与公司非效率投资的相关性不显著；而在非国有企业，机构投资者持股比例与公司非效率投资显著正相关（B=0.195，P<0.01）。这一研究说明，在国企监管缺失的现实环境下，大股东缺位使得经理权力极大的膨胀，政策性目标以及个人利益最大化驱使经理经常做出偏离公司整体利益的决策。机构投资者的监督在这样的行政化环境下难以发挥作用。

与非国有企业相比，在国有上市公司中，随着机构投资者互惠的加强，投资规模偏离 I_ε 的变化更为显著，说明非效率投资对国有企业机构投资者互惠的敏感性较大。在国有企业，广义互惠与非效率投资显著负相关（B = -0.351，P<0.01）；负互惠对非效率投资有显著正向影响（B = 0.525，P<0.01）。相比之下，在非国有企业，广义互惠对非效率投资也有显著负向影响（B = -0.140，P<0.05），负互惠与非效率投资也显著正相关（B=0.261，P<0.05），但是相关程度比国有样本组弱，对 H1、H3 和 H5 起到一定解释作用。平衡互惠与非效率投资的相关关系在两组中都没有通过检验，H2 同样没有得到验证。在国有企业，第一大股东持股比例与非效率投资显著正相关，非国有企业不存在这样的相关关系，证实在

表 5-5　　回归结果

变量	(1)	(2)	(3)	(4)	(5)	(6)	(7)	(8)	(9)	(10)
	I_ε	I_ε	I_ε	I_ε	I_ε	I_ε	I_ε	I_ε	I_ε	I_ε
GR	—	-0.327**	—	—	-0.316**	-0.315**	—	—	—	—
BR	—	—	0.025	—	—	—	0.020	0.022	—	—
NR	—	—	—	0.491***	—	—	—	—	0.488***	0.487***
INShold	—	—	—	—	0.097	0.093	0.087	0.096	0.097	0.099
INShold × *GR*	—	—	—	—	—	-0.463**	—	—	—	—
INShold × *BR*	—	—	—	—	—	—	—	0.072	—	—
INShold × *NR*	—	—	—	—	—	—	—	—	—	0.308**
LShold	0.516***	0.578***	0.487***	0.523***	0.519***	0.631***	0.510***	0.322**	0.565***	0.563***
MAhold	0.009	0.010	0.009	0.010	0.010	0.010	0.010	0.011	0.010	0.011
MAcompen	0.003	0.001	0.001	0.001	0.002	-0.001	0.002	0.002	0.002	-0.002
CAflow	0.090***	0.108***	0.124***	0.098***	0.098***	0.083***	0.146***	0.195***	0.101***	0.077**
Size	0.393***	0.305***	0.421***	0.394***	0.395***	0.487***	0.494***	0.499***	0.488***	0.520***
调整 R^2	0.392	0.460	0.429	0.426	0.433	0.412	0.353	0.380	0.478	0.463
F Value	16.798	18.446	18.959	19.456	28.128	20.569	14.164	13.706	14.842	23.767
N	213	213	213	213	213	213	213	213	213	213

注：*、**、*** 分别表示在 10%、5%、1% 的显著性水平上显著；括号内是 t 值。

我国目前大部分国有控股缺位的情况下，股权集中度的提高并没能减少经理管理防御。说明在我国现阶段，国有企业的股权集中度越高，经理所受约束越少，对公司的控制权越大，管理防御程度越高。

表5-6同时列示了不同产权性质下，机构投资者持股与机构投资者互惠交互效应对管理防御影响的回归分析的对比情况。从回归结果看，机构投资者持股与机构投资者广义互惠的交叉项系数在国有非国有企业均为负，但只有在非国有企业显著（$B = -0.477$，$P < 0.05$）。在负互惠方面，这与全样本回归结果相同，在国有企业，机构投资者持股与机构投资者负互惠的交叉项系数均为正（$B = 0.147$，$P < 0.1$），与负互惠变量系数符号相同；在非国有企业，交叉项系数均为仍为正（$B = 0.550$，$P < 0.01$），但是相关程度比国有样本组强，以上回归结果对H4和H5起到一定解释作用。

5.4 稳健性检验

尽管前面的分析为机构投资者互惠影响公司非效率投资提供了一定的证据，但是，必须重视模型可能存在的双向因果问题。如果那些本身投资效率比较高的公司能够吸引机构投资者开展更多的广义互惠行为，而投资效率较差的公司会导致机构投资者实施负互惠行为。那么，变量*Reciprocity*和I_{ε}之间的相关关系就不能完全代表机构投资者互惠行为对公司非效率投资的治理效应。本书选取机构投资者声誉作为机构投资者广义互惠的工具变量，机构投资者与上市公司是否存在商业联系哑变量作为机构投资者平衡互惠的工具变量，选取过去三年交易型机构投资者持股比例的标准差作为机构投资者负互惠的工具变量。原因是这几个工具变量满足相关性和外生性要求：从相关性来看，具有较高声誉的机构投资者往往会倾向于提供更多的广义互惠行为（Sylwester，2013）[246]；与上市公司存在商业关系的机构投资者和经理的交往频繁，双方在对重复博弈的预期下具有对彼此利

表 5-6　　分产权性质的回归结果

变量	国有								非国有							
	(1)	(2)	(3)	(4)	(5)	(6)	(7)	(8)	(9)	(10)	(11)	(12)	(13)	(14)	(15)	(16)
	I_ε	I_ε	I_ε	I_ε	I_ε	I_ε	I_ε	I_ε	I_ε	I_ε	I_ε	I_ε	I_ε	I_ε	I_ε	I_ε
GR	—	-0.351***	—	—	—	-0.275***	—	—	—	-0.140**	—	—	—	-0.272***	—	—
BR	—	—	-0.047	—	—	—	-0.065	—	—	—	-0.001	—	—	—	-0.010	—
NR	—	—	—	0.525***	—	—	—	0.509***	—	—	—	0.261**	—	—	—	0.336***
INShold	—	—	—	—	0.044	0.066	0.043	0.053	—	—	—	—	0.195*	0.205*	0.017*	0.198*
INShold × *GR*	—	—	—	—	—	-0.059	—	—	—	—	—	—	—	-0.477**	—	—
INShold × *BR*	—	—	—	—	—	—	0.058	—	—	—	—	—	—	—	0.097	—
INShold × *NR*	—	—	—	—	—	—	—	0.147*	—	—	—	—	—	—	—	0.550***
LShold	1.142***	1.084***	1.071***	1.088***	1.109***	1.200***	1.138***	1.234***	0.106	0.100	0.090	0.123	0.130	0.142	0.139	0.127
MAhold	0.026	0.024	0.024	0.024	0.024	0.025	0.024	0.025	0.003	0.003	0.003	0.003	0.003	0.003	0.003	0.003
MAcompen	0.123**	0.127**	0.127**	0.125**	0.129**	0.132**	0.135**	0.128**	-0.084*	-0.084*	-0.084*	-0.082*	-0.084*	-0.080*	-0.081*	-0.080*
CAflow	0.091*	0.097*	0.101**	0.101**	0.091*	0.099*	0.100*	0.103**	0.152**	0.101**	0.102**	0.101**	0.112**	0.102**	0.105**	0.101**
Size	0.198***	0.198***	0.203***	0.198***	0.196***	0.196***	0.198***	0.196***	0.144***	0.145***	0.145***	0.143***	0.141***	0.142***	0.141***	0.143***
调整 R^2	0.430	0.402	0.371	0.469	0.401	0.409	0.340	0.458	0.432	0.404	0.356	0.395	0.432	0.459	0.385	0.484
F Value	23.312	20.856	21.129	20.712	22.793	18.290	18.574	18.244	16.933	22.781	22.905	16.779	23.591	16.193	23.56	22.847
N	115	115	115	115	115	115	115	115	98	98	98	98	98	98	98	98

注：*、**、*** 分别表示在 10%、5%、1% 的显著性水平上显著。

益的重视（邓德强等，2014）[247]。交易型机构投资者更多关注的是短期利益，不看重上市公司的长期经营和盈利，交易越频繁，越可能会开展以自利为目的的负互惠行为（李争光等，2015）[178]。从外生性来看，目前尚没有文献证实这几个变量能够影响被投资公司的投资效率，故满足外生性原则。

首先，机构投资者声誉的衡量。本书根据公司的机构投资者是否属于由证监会、银监会和保监会对外公布的排名靠前及获奖的机构投资者，将公司前十大股东中存在高声誉机构投资者的，赋值 1；将公司前十大股东中不存在高声誉机构投资者的，赋值 0。

其次，讨论机构投资者与被投资公司是否具有商业联系。根据本书所定义的机构投资者，包括证券投资基金、证券中介机构、养老基金、社会保险基金和保险公司。证券投资基金、社保基金和养老基金由于特定的资金来源和较严格的法规管制，其与被投资公司一般不存在过多商业关系，普遍只存在投资关系，他们更加注重获取真实可靠的公开信息披露和提高公司经营决策水平。保险公司一般与被投资公司有商业关系或者希望形成商业关系，因此他们可能与公司管理层存在一些沟通交流的机会。证券中介机构对自营业务运作也常与被投资公司产生商业合作。基于以上的分析，证券投资基金、社保基金、养老基金与被投资公司不存在密切商业往来；保险公司、证券中介机构与被投资公司存在着业务合作关系。因此，本书将公司前十大股东中机构投资者包括证券投资基金、社保基金、养老基金的，赋值 0；将公司前十大股东中机构投资者包括保险公司、证券中介机构的，赋值 1。同时具有两种类型机构股东的，以持股比例较大者为分类标准。

最后，借鉴李争光等（2016）[183]的研究，从时间和行业两个维度衡量机构投资者持股稳定性，公式如下：

$$\begin{cases} SD_{it} = \dfrac{INVH_{it}}{STD(INVH_{it-3}, INVH_{it-2}, INVH_{it-1})} \\ INVW_{it} = \begin{cases} 1, SD_{it} \geqslant MEDIAN_{ij}(SD_{ij}) \\ 0, \text{其他} \end{cases} \end{cases} \tag{5.4}$$

其中，$INVH_{it}$ 表示第 t 年公司 i 的机构投资者持股比例；$STD(INVH_{it-3}, INVH_{it-2}, INVH_{it-1})$ 表示过去三年中公司 i 机构投资者持股比例的标准差；$MEDIAN_{ij}(SD_{ij})$ 表示第 t 年 SD 行业各上市公司机构投资者持股比例的中位数；当$SD_{ij} \geqslant MEDIAN_{ij}(SD_{ij})$ 时，表示第 t 年公司 i 的机构投资者为稳定型机构投资者，否则表示第 t 年公司 i 的机构投资者为交易型机构投资者。本书认为交易型机构投资者更有可能实施负互惠行为，且交易型机构投资者的 $STD(INVH_{it-3}, INVH_{it-2}, INVH_{it-1})$ 值越大，其对公司 i 的负互惠程度越大，即交易型机构投资者在公司 i 的持股稳定性越差，负互惠程度越大。

如表 5-7 所示，在通过两阶段最小二乘法控制了内生性问题后，国有企业样本条件下，机构投资者广义互惠与非效率投资仍旧显著负相关（$B=-0.129$，$P<0.1$）；机构投资者负互惠与非效率投资仍旧显著正相关（$B=0.263$，$P<0.05$）。机构投资者持股与机构投资者广义互惠的交叉项系数为负，与广义互惠变量系数符号相同，且在 1% 水平上显著（$B=-0.154$，$P<0.1$）机构投资者持股与机构投资者负互惠的交叉项系数为正，这与负互惠变量系数符号相同（$B=0.368$，$P<0.05$），即机构投资者持股提升能够加强机构投资者互惠对经理管理防御的影响。表 5-8 显示，在区分了公司产权性质之后，与非国有上市公司相比，在国有上市公司中，机构投资者互惠对经理管理防御的影响可能相对较大，但机构投资者持股的调节作用相对较弱。虽然各模型回归结果与之前的数据回归结果有一定的差异，但是研究结论仍然具有一致性。

表 5－7 **稳健性检验回归结果**

变量	(1)	(2)	(3)	(4)	(5)	(6)	(7)	(8)	(9)	(10)
	I_ε	I_ε	I_ε	I_ε	I_ε	I_ε	I_ε	I_ε	I_ε	I_ε
GR	—	-0.129*	—	—	-0.161*	-0.195*	—	—	—	—
BR	—	—	0.007	—	—	—	0.067	0.027	—	—
NR	—	—	—	0.263**	—	—	—	—	0.220**	0.252**
INShold	—	—	—	—	0.085	0.088	0.079	0.084	0.092	0.089
INShold × *GR*	—	—	—	—	—	-0.154*	—	—	—	—
INShold × *BR*	—	—	—	—	—	—	—	0.066	—	—
INShold × *NR*	—	—	—	—	—	—	—	—	—	0.368**
LShold	0.524***	0.516***	0.571***	0.518***	0.513***	0.505***	0.615***	0.410**	0.565***	0.544***
MAcompen	0.001	0.002	0.001	-0.001	0.002	-0.001	0.002	0.001	-0.001	-0.002
CAflow	0.130***	0.125***	0.111***	0.136***	0.128***	0.091***	0.106***	0.099***	0.111***	0.097***
Size	0.334***	0.362***	0.338***	0.383***	0.309***	0.418***	0.394***	0.377***	0.351***	0.308***
调整 R^2	0.341	0.350	0.306	0.381	0.357	0.369	0.300	0.312	0.397	0.368
F Value	28.554	19.356	18.115	21.105	19.164	26.034	17.135	23.232	18.485	25.113
N	213	213	213	213	213	213	213	213	213	213

注：*、**、*** 分别表示在 10%、5%、1% 的显著性水平上显著；括号内是 t 值。

表 5-8 稳健性检验回归结果

变量	国有								非国有							
	(1)	(2)	(3)	(4)	(5)	(6)	(7)	(8)	(9)	(10)	(11)	(12)	(13)	(14)	(15)	(16)
	I_ε	I_ε	I_ε	I_ε	I_ε	I_ε	I_ε	I_ε	I_ε	I_ε	I_ε	I_ε	I_ε	I_ε	I_ε	I_ε
GR	—	-0.180**	—	—	—	-0.198**	—	—	—	-0.117*	—	—	—	-0.199**	—	—
BR	—	—	-0.109	—	—	—	-0.034	—	—	—	-0.023	—	—	—	-0.038	—
NR	—	—	—	0.306**	—	—	—	0.299**	—	—	—	0.187*	—	—	—	0.300**
INShold	—	—	—	—	0.023	0.048	0.092	0.056	—	—	—	—	0.198*	0.235*	0.084*	0.238*
INShold × *GR*	—	—	—	—	—	-0.059	—	—	—	—	—	—	—	-0.697***	—	—
INShold × *BR*	—	—	—	—	—	—	0.089	—	—	—	—	—	—	—	0.054	—
INShold × *NR*	—	—	—	—	—	—	—	0.348**	—	—	—	—	—	—	—	0.445**
LShold	1.128***	1.124***	1.099***	1.108***	1.089***	1.003***	1.107***	1.110***	1.108***	1.117***	1.094***	1.088***	1.129***	1.113***	0.109***	0.117***
MAhold	0.031	0.029	0.036	0.031	0.033	0.033	0.027	0.028	0.031	0.026	0.035	0.035	0.028	0.022	0.033	0.030
MAcompen	0.103**	0.101**	0.115**	0.130**	0.112**	0.106**	0.122**	0.123**	-0.094*	-0.089*	-0.089*	-0.092*	-0.090*	-0.088*	-0.099*	-0.091*
CAflow	0.099*	0.090*	0.094**	0.097**	0.092*	0.100*	0.108*	0.113**	0.149**	0.135**	0.114**	0.117**	0.122**	0.128**	0.140**	0.131**
Size	0.216***	0.203***	0.198***	0.200***	0.199***	0.206***	0.191***	0.215***	0.111***	0.126***	0.123***	0.125***	0.131***	0.136***	0.146***	0.118***
调整 R^2	0.398	0.372	0.369	0.400	0.387	0.445	0.320	0.370	0.363	0.402	0.358	0.439	0.454	0.464	0.433	0.398
F Value	23.558	25.108	37.056	26.054	23.741	18.548	20.792	29.016	23.505	27.777	28.016	26.749	27.687	19.165	23.549	20.654
N	115	115	115	115	115	115	115	115	98	98	98	98	98	98	98	98

注：*、**、*** 分别表示在 10%、5%、1% 的显著性水平上显著。

5.5　本章小结

本章基于 Sahlins 对互惠类型的划分，实证检验了机构投资者互惠行为对于降低经理管理防御行为和提高公司投资效率的影响，并结合中国上市公司产权性质，将上市公司分为国有和非国有两大类，验证了不同产权性质下，机构投资者互惠行为激励作用的差异。研究发现：机构投资者实施广义互惠能够抑制公司非效率投资；而机构投资者实施负互惠，会加剧公司的非效率投资现象；机构投资者平衡互惠对提高公司投资效率的激励作用不显著。与此同时，机构投资者互惠行为对国有企业投资效率的影响强于非国有企业。本章证实了机构投资者治理机制对降低公司非效率投资的激励作用，对完善中国上市公司治理机制具有一定的指导意义。

第 6 章

机构投资者互惠行为对公司现金股利影响的实证检验

第5章从公司投资效率角度，检验了机构投资者互惠行为对经理管理防御的影响，证实了广义互惠对经理具有显著的激励作用，而负互惠会加剧经理管理防御。本章进一步从公司现金股利分配的角度，检验机构投资者互惠行为对经理管理防御的影响，重点分析机构投资者平衡互惠与现金股利发放的关系，探讨平衡互惠当中可能蕴含的“合谋”现象。

6.1 理论分析与研究假设

股利分配的决策权虽然掌握在董事会和股东大会手中，但经理也会对股利政策的制定和实施产生重要影响，特别是在我国上市公司“两职兼任”现象比较严重的治理环境下（肖淑芳和喻梦颖，2012）[248]。并且，我国上市公司国有股和法人股一股独大现象普遍存在，所有者缺位和上市公司监管不完善导致经理所受到的约束较为宽松，因此经理具有通过影响公司财务政策的制定和实施开展管理防御的强烈动机和现实机会。经理倾向于将可支配的自由现金流作为薪酬之外的财务补贴或者进行组织扩张，缺乏发放现金股利的内在动力（徐寿福和徐龙炳，2015）[249]。因此，经理倾向于保留盈余现金而不是派发股息。当公司积累了大量现金时，投资者可能会感到不安，因为经理可以利用自由现金流追求建设“经理帝国”的目标（张海龙和李秉祥，2010）[95]。Grullon 等（2002）[250]指出，在股息降低后出现非效率投资的风险提升。股东关注现金股利的另一个原因是，当经理不能使留存的现金流获得相应增值，股东就要承担因放弃投资项目而产生的机会成本。因为如果投资者获得现金股利，投资者不仅可以基于自身风险收益偏好再投资，而且可以将财富分配在其他资产上。由于这些原因，当经理囤积了大量现金，他们可能会面临来自投资者的压力。

机构投资者通常持有大量的股份，而且消息灵通。并且，机构投资者面临投资组合回报的压力或与被投资上市公司具有潜在的商业关系。因此，他们有更强烈的动机将资源用于监控经理和推动派息。众多文献显示，机构投资者能够影响公司的决策，包括其股利政策。Grinstein 和 Michaely（2005）[251]认为，分散或不知情的股东将更倾向于获得现金股利。机构投资者倾向于让被投资公司派息，然而却不支持高派息。Short 等（2002）[142]使用英国上市公司的样本，发现机构投资与股利支付之间存在正相关关系。Firth 等（2016）[252]研究了中国市场的这种关系，发现一种重要的机构投资者——共同基金能够促使公司支付更高的现金股利。他们认为机构投资者可以通过私下协商或在股东大会上直接与管理团队沟通并行使表决权。或者，他们可以通过出售股票的隐性威胁来影响公司的股利支付。虽然这些研究提供了重要的洞见，但关于机构投资者与公司股利关系的经验证据是混杂的，需要从全新的理论视角展开进一步研究。

6.1.1 机构投资者互惠行为对现金股利的影响

具有广义互惠偏好的机构投资者，关心经理的利益获取。首先，机构投资者可以与经理进行私人对话，凭借其资源和信息优势向经理提供有益的管理建议，以协调对管理决策的潜在干预，从而帮助公司提升战略治理水平。这样一来，公司经营稳定性和盈利能力获得提高，使得公司能够有足够的留存收益作为发放现金股利的来源（杨宝和袁天荣，2014）[216]；其次，当公司需要资金扩张时，这些机构投资者可以提供资金或利用他们的关系来帮助公司融资（Lin 和 Fu，2017）[138]。并且，具有广义互惠偏好的机构投资者关注经理的利益，抛售股票间接影响公司通常是最后的选择。所以，经理的职位风险降低，减少了因构建“经理帝国”加强职位稳固所产生的管理防御动机。因此，本书认为，机构投资者广义互惠能够提高上市公司现金股利支付水平。经理会利用派息建立“适度”的声誉，向外界传递公司治理质量良好的信号，既稳定公司股价，又作为向机构投资者的情感回报，维系与机构投资者的互惠关系。

但是，现实中的机构投资者大多不会开展广义互惠行为。具有平衡互惠偏好的机构投资者不仅重视被投资公司的发展，也关注自身利益（Pearce 和 Manz，2005）[238]。首先，由于机构投资者在上市公司中具有较大的股权，可能会通过向被投资公司派驻董事，对公司经理形成有效的监管。机构投资者会运用其高度发展的管理技能、专业知识和投票权，帮助经理提高公司经营决策水平，从而提高公司治理效率。但是与此同时，机构投资者也可能会对经理施加压力，要求他们支付股息，减轻公司的自由现金流问题（Jensen，1986）[253]。其次，机构投资者积极监督公司的业务，减少信息不对称，公司信息透明度的提升也有利于向市场传递其经营状况良好的信息，从而吸引更多的投资者。上市公司发布的信息内容更具体、准确，将会降低经理保留过多自由现金流的可能性。最后，机构投资者可能会为公司提供更多进入金融市场的机会，尤其是银行持有公司股份。因为国内银行本身就是市场的借贷者，这些银行以较低的利率在市场上借款，但对公司收取更高的利率。然而，当公司可以绕过中介渠道与银行建立互惠互利关系时，它们可以以更低的利率和更优惠的条件进入资本市场融资。因此，被投资公司将获得足够的现金储备。但是，如果机构投资者没有预见到公司产品需求的增长，他们可能会对经理施加影响，使公司分配更多的现金股利。这样，经理不得不重新审视公司治理中存在的问题，努力提高管理水平，以满足机构投资者和市场对公司的预期，维护与机构投资者的互惠关系。所以，机构投资者对经理实施平衡互惠行为，能够缓解由于经理管理防御所造成的现金股利偏低现象，提高上市公司现金股利支付水平。

同时，也存在受到负互惠偏好驱动的机构投资者，它们以自身利益最大化为行动准则，不关注所投资公司经理的利益获取和职业发展。这样的机构投资者可能不愿花费资源去监督和提高公司业绩，投资于上市公司仅是为了实现短期盈利目的。一旦机构投资者达到盈利目的或者公司经营不善，就很可能将手中的股票套现。公司股价的波动将阻碍经理在股票和债券市场上筹集外部资本的能力。这不仅增加了公司资本成本，而且可能导致公司财务危机。公司财务危机不仅会威胁到经理的薪酬，还威胁经理的职位安全和声誉（Lambert 等，1991）[116]。因此，具有管理防御动机的经理可能会积累一些现金作为应急缓冲。拥有这样的缓冲能增加公司的财务实力，降低破产的可能性。同时，经理为稳固职位和获取更多自利性收益，倾向于利用留存收益扩大经营规模来建立“商业帝国”，加强公司对自身的依赖，而降低公司利润分配是为营造“经理帝国”提供所需要的自由现金流的重要途径。根据以上分析，提出假设：

H1：机构投资者对经理实施广义互惠行为能促进公司发放更多的现金股利。

H2：机构投资者对经理实施平衡互惠行为能促进公司发放更多的现金股利。

H3：机构投资者对经理实施负互惠行为会抑制公司发放更多的现金股利。

6.1.2 机构投资者互惠与合谋行为

值得注意的是，平衡互惠具有多面性。一方面，机构投资者对自身和经理利益的共同关注能够增进双方战略合作和情感关系，强化其对公司治理参与程度，从而抑制经理管理防御行为。另一方面，机构投资者与上市公司经理建立起的互惠互利的关系，也可能引发双方的“勾结”（潘越等，2011）[189]。经理个人利益与公司整体利益往往不一致，机构投资者与经理之间的协作可能只是满足经理的个人需要，而不能实现公司整体价值的提升。机构投资者可能会与经理一起利用中小股东，削弱公司的业绩。具体来说，机构投资者可能会忽视经理的管理防御行为，只要他们能从中获益（Lin 和 Fu，2017）[138]。甚至，经理管理防御行为将在机构投资者的配合和纵容下加剧。机构投资者为了拥有通过私有信息交易而获利的机会，需要利用经理获得熟悉上市公司的经营业务和战略计划的额外渠道，所以，机构投资者可能纵容经理将自由现金流留存下来，扩大自身可控制资源的规模，以牟取私利。即使经理放弃通过股利分配途径获取私有收益，机构投资者也可能会为经理通过其他渠道开展管理防御行为提供机会和屏障。例如，为了赚取差价，机构投资者可能支持被投资者公司经理采用盈余管理来粉饰业绩，抬高公司股价（宋建波等，2012）[188]。因此，如果机构投资者和经理平衡互惠关系的维持是由于他们之间形成了“合谋”，那么模型 1 检验所得到的机构投资者平衡互惠和现金股利之间的正相关关系可能不是机构投资者平衡互惠对经理发挥了激励作用的结果。

并且，机构投资者是否和上市公司经理之间存在"合谋"关系，与机构投资者自身的治理状况有着密切的联系（李胜楠等，2015）[151]。Wang 等（2009）[254]发现管理不善的机构投资者更倾向于支持经理，通常不会用发起股东提案等方式挑战经理权威，即如果机构投资者自身的治理状况比较差，机构投资者更有可能通过与上市公司经理"合谋"来谋求私利，而如果机构投资者的治理状况比较好，机构投资者才有可能通过行使股东积极主义行为来促进公司价值提升。

H4a：机构投资者平衡互惠行为对公司现金股利的促进作用主要源自对经理的激励。

H4b：机构投资者平衡互惠行为对公司现金股利的促进作用不是源自对经理的激励。

H5：治理状况较差的机构投资者比治理状况良好的机构投资者更易与上市公司经理产生"合谋"。

6.2　研究设计

本章研究中所用到的研究样本继续沿用上一章。下面，介绍本章研究中变量的定义方式和设计的模型。

6.2.1　变量设计

6.2.1.1　现金股利

现金股利（*Dividend*）是代表公司现金股利支付水平的变量，用上市公司分配的每股现金股利来衡量，即"年度累计支付的现金股利/总股本"。

另外，研究中将选取存在异常高派现和异常低派现问题的公司分组研究。其中，异常高派现用*AHD*表示，要满足公司支付的每股现金股利不低于0.1元。另外，还需要满足以下两个或其中的任何一个条件：每股现金股利大于每股收益；每股现金股利大于每股经营现金流量。与异常高派现相反，异常低派现的每股现金股利派现金额小于0.1元或为0，且满足股利分派率小于100%。异常低派现用*ALD*表示。正常派现则是除了异常高派现和异常低派现之外的公司派现行为。

6.2.1.2 机构投资者互惠

上一章所建立的互惠量表经检验显示出较高的信度，本章沿用上一章的定义，基于Sahlins（1972）[38]对互惠类型的划分，采用互惠量表衡量机构投资者广义互惠、平衡互惠和负互惠的程度。互惠量表包含了4个广义互惠项目，5个平衡互惠项目和6个负互惠项目。其中，从事广义互惠的机构投资者具有奉献者特征；实施平衡互惠的机构投资者是合作者，关注互惠双方的整体利益；实施负互惠的机构投资者只重视自身利益的实现。量表中各项目均采用Likert五级选项设计，1至5级依次表示"完全不同意、不同意、不清楚、同意、完全同意"（见表5-2）。

6.2.1.3 机构投资者治理状况

根据本书对机构投资者的定义范围，对各类型机构投资者的治理状况分别采用相应的方法衡量。其中，投资基金、证券中介机构和社保基金按照相关评级机构所公布的评级标准衡量：投资基金、社保基金和养老基金的治理状况采取招商证券基金评级衡量（5级），评级结果见附表2。证券中介机构的治理状况按照证监会公布的年度券商分类评级确定（5级）评级结果见附表2。保险公司根据保费收入衡量治理状况，将保险公司的保费收入用五分位数划分为五个等级。经过统一处理后，机构投资者治理状况的取值范围为1、2、3、4、5，数值越高所代表的机构投资者治理状况越好。*INSgovern*根据前十大股东中机构投资者评级的加权平均得到，权重由各机构投资者持股比例的相对大小确定。

6.2.1.4 控制变量

几乎所有的实证研究结果都表明：公司规模、财务杠杆及盈利能力都对股利政策具有显著影响。公司规模越大、财务杠杆越低、盈利能力越强的公司往往更倾向于股利分配，相关研究包括陈其安和方彩霞（2013）[255]、严太华和龚春霞（2013）[256]等。同时，公司现金流水平和公司成长性也可能会对公司的股利政策产生影响。公司如果不支付或象征性支付现金股利，选择将更多的现金流进行过度投资以牟取私利，就会引发对外部人的侵占等代理问题（严太华和龚春霞，2013）[256]。而公司成长性是影响公司财务政策及其价值效应的一个重要环境变量，公司成长性差异会显著影响公司的股利政策及其经济后果（Fama 和 French，2001）[257]。因此，本书选取公司规模、资产负债率、盈利能力、现金流水平和成长性作为控制变量。各变量的描述与定义如表6-1所示。

表6-1 研究变量的描述与定义

变量类别	变量名称		变量符号	变量定义
被解释变量	现金股利		*Dividend*	年度累计支付的现金股利/总股本
解释变量	机构治理状况		*INgovern*	前十大股东中机构投资者评级的加权平均数
	互惠	广义互惠	*GR*	借助 Likert 五级量表统计广义互惠题项得分均值
		平衡互惠	*BR*	借助 Likert 五级量表统计平衡互惠题项得分均值
		负互惠	*NR*	借助 Likert 五级量表统计负互惠题项得分均值
控制变量	公司规模		*Size*	总资产的自然对数
	资产负债率		*Lev*	期末总资产/期末总负债
	盈利能力		*Eps*	每股收益=净利润/总股数
	现金流水平		*CAflow*	每股经营活动现金净流量=经营活动现金净流量/总股数
	公司成长性		*Growth*	年营业收入增长率

6.2.2 模型设计

为了检验H1，本书设定如下模型：

模型1：$$Dividend = \alpha_0 + \alpha_1 Reciprocity + \alpha_2 Controls + \varepsilon \qquad (6.1)$$

首先，用全样本数据检验模型1，分析机构投资者互惠行为与公司现金股利分配水平之间的关系。其次，基于异常公司低派现组和异常高派现组分别对模型1进行验证。异常低派现是经理管理防御的表现，对于中国上市公司经理而言，由于不具有公司股权，或者具有的股权比例较低，对支付现金股利较为抵触，而偏好将现金留存下来，扩大自身可控制资源的规模，以牟取私利。因此，如果机构投资者互惠对上市公司异常低派现具有显著的抑制作用，那么在一定程度上表明机构投资者互惠行为对经理具有激励作用。

为了进一步验证 H4 和 H5，本书进行以下检验。首先，如果机构投资者互惠是机构投资者和经理合谋的结果，那么就意味着机构投资者实施互惠行为是机构投资者治理状况不良情况下选择和公司经理合谋的结果。如果事实果真如此，在机构投资者治理状况相对更差的样本公司，公司现金股利分配水平越低，异常低派现越严重。同时，在机构投资者治理状况相对更差的样本公司，机构投资者互惠和现金股利之间的正相关关系应该更弱甚至不显著。为了厘清这一点，本书将检验模型设定为：

模型 2：$$Dividend = \alpha_0 + \alpha_1 Reciprocity + \alpha_2 INSgovern + \alpha_3 Reciprocity \times INSgovern + \alpha_4 Controls + \varepsilon \quad (6.2)$$

6.3 实证分析

6.3.1 描述性统计

根据表 6 - 2 的统计结果，每股现金股利（*Dividend*）的均值为 0.127，标准差为 0.173，最小值为 0，表明我国上市公司现金股利发放水平偏低，且仍存在不发放现金股利的现象。经理对机构投资者实施广义互惠（*GR*）的认同度较低，得分均值仅 1.484；而对平衡互惠（*BR*）的认同程度最高，得分均值为 1.796，负互惠（*NR*）次之，得分为均值 1.565。这一检验结果能很好地解释这一现实情况：实施广义互惠需要付出情感和资本，但是未来获得回报的不确定性巨大。机构投资者将资金注入公司，渴望实现利益增长，所以广义互惠不是机构的最佳选择，而平衡互惠所营造的战略合作关系以及负互惠所带来的立即汇报更能满足机构投资者对利益的要求。机构投资者治理状况哑变量（*INSgovern*）的均值为3.505，标准差为0.771，显示投资于样本公司的机构投资者自身治理状况整体状况较为平稳，但是不同机构投资者之间也显示存在着治理水平的差异。公司规模（*Size*）的标准差1.006，最大规模公司与最小规模公司具有较大的差距，可以较好地控制公司规模对经理现金股利行为的影响。资产负债率（*Lev*）的均值为0.314，处于合理的范围内。公司每股收益（*EPS*）的均值0.251，显示样本公司的盈利能力整体较强。现金流水平（*CAflow*）的均值为0.218，标准差0.899，反映出样本公司间现金流水平差异较大，可以较好地控制现金流水平对经理现金股利行为的影响。公司成长性（*Growth*）的均值为0.112，最小值-0.67，说明我国上市公司大多处于低增长甚至负增长的发展阶段。

表6-2　变量描述性统计

变量	全样本（N=213）			
	最小值	最大值	均值	标准差
Dividend	0.00	1.50	0.127	0.173
GR	0.00	4.75	1.484	1.092
BR	0.00	5.00	1.796	1.056
NR	0.00	5.00	1.565	1.205
INSgovern	1.00	5.00	3.505	0.771
Size	19.04	26.07	21.887	1.006
Lev	0.02	0.87	0.314	0.176
EPS	-0.53	1.44	0.251	0.269
CAflow	-3.64	6.13	0.218	0.899
Growth	-0.67	0.69	0.112	0.285

6.3.2 回归分析

6.3.2.1 机构投资者互惠行为对现金股利的影响

模型1的回归结果如表6-3中所示。首先，全样本下，机构投资者广义互惠（*GR*）能促使公司发放更多的现金股利（B=0.133，P<0.05），H1得到验证。机构投资者平衡互惠（*BR*）与每股现金股利（*Dividend*）显著负相关（B=0.874，P<0.1），与H2吻合。机构投资者负互惠（*NR*）与公司每股现金股利（*Dividend*）显著负相关（B=−0.147，P<0.05），验证了H3的观点。说明机构投资者广义互惠和平衡互惠对经理具有激励作用，能够使经理降低管理防御行为。机构投资者负互惠给经理带来的利益威胁会加大经理通过现金股利政策进行管理防御的可能。公司规模（*Size*）与每股现金股利（*Dividend*）显著正相关（B=0.009，P<0.01），公司规模越大，表明公司运作越规范，公司制度越完善，公司信息就越对称，且大公司比小公司具有更高的代理成本和更低的交易成本，为降低代理成本，大公司往往通常发放较高的红利来满足广大股东的要求和向广大股东传递公司经营良好的信息。资产负债率越高的公司股利分配力度越低（B=−0.369，P<0.01），当上市公司的资产负债率越高时，公司的融资成本就越高，这必然会减少公司的项目投资净收入，从而降低公司的经营业绩。另外，债权人不喜欢分红，认为这可能会耗尽公司的现金流动性。在这种情况下，上市公司经理将降低现金股利以保留更多的现金流，以保持公司的长期生存能力。因此，公司资产负债率对红利分配决策产生显著的负影响。每股收益（*EPS*）与每股现金股利显著正相关（B=0.396，P<0.01）。每股收益是代表公司盈利能力的指标，股利发放要求当年每股净收益率大于0的公司才能进行，每股收益值越大，公司的每股现金股利越大。现金流水平与每股现金股利显著正相关（B=0.120，P<0.1）。

表6-3　全样本回归结果

变量	全样本			
	(1)	(2)	(3)	(4)
	Dividend	*Dividend*	*Dividend*	*Dividend*
GR	—	0.133**	—	—
BR	—	—	0.874*	—
NR	—	—	—	−0.147**
Size	0.009***	0.009***	0.008***	0.009***

续表

变量	全样本			
	(1)	(2)	(3)	(4)
	Dividend	*Dividend*	*Dividend*	*Dividend*
Lev	-0.369***	-0.412***	-0.389***	-0.286***
EPS	0.396***	0.396***	0.400***	0.395***
CAflow	0.120*	0.096*	0.098*	0.111*
Growth	0.186	0.180	0.175	0.179
调整 R^2	0.357	0.354	0.365	0.355
F Value	30.430	24.256	25.325	24.298
N	213	213	213	213

注：*、**、*** 分别表示在 10%、5%、1% 的显著性水平上显著。

6.3.2.2　机构投资者互惠行为对公司异常派现的影响

为了进一步解释机构投资者互惠行为如何发挥激励作用，分析平衡互惠中可能包含的“合谋”问题，根据异常派现的定义，计算出现金股利分配超过公司盈利能力与现金流能力的异常高派现公司，以及留存过多现金资源而忽视股东的短期现金回报的异常低派现公司。分别基于异常高派现组和异常低派现组检验机构投资者互惠行为对现金股利分配的影响，回归结果由表 6-4 所示。

表 6-4　　　分组回归结果

变量	异常高派现				异常低派现			
	(1)	(2)	(3)	(4)	(5)	(6)	(7)	(8)
	Dividend	*Dividend*	*Dividend*	*Dividend*	*Dividend*	*Dividend*	*Dividend*	*Dividend*
GR	—	-0.109**	—	—	—	0.213***	—	—
BR	—	—	0.036	—	—	—	-0.205**	—
NR	—	—	—	-0.956**	—	—	—	-0.189***
Size	-0.013	-0.017	0.002	-0.016	0.002***	0.003***	0.003***	0.002***
Lev	-0.128	-0.105	-0.044	-0.110	0.002	0.003	0.002	0.002
EPS	1.114***	1.120***	1.136***	1.117***	0.280***	0.285***	0.290***	0.281***
CAflow	0.081***	0.082***	0.091***	0.085***	0.009	0.016	0.010	0.009

续表

变量	异常高派现				异常低派现			
	(1)	(2)	(3)	(4)	(5)	(6)	(7)	(8)
	Dividend	*Dividend*	*Dividend*	*Dividend*	*Dividend*	*Dividend*	*Dividend*	*Dividend*
Growth	0.125	0.123	0.130	0.126	0.019	0.013	0.016	0.011
调整 R^2	0.781	0.730	0.706	0.712	0.366	0.342	0.335	0.367
F Value	46.685	44.393	53.869	44.523	31.243	28.385	35.641	32.468
N	16	16	16	16	97	97	97	97

注：*、**、*** 分别表示在10%、5%、1%的显著性水平上显著。

首先，机构投资者广义互惠在异常高派现组与现金股利显著负相关（B = -0.109，P<0.05），而机构投资者广义互惠与每股现金股利在异常低派现组显著正相关（B=0.213，P<0.01）。这一检验结果说明，经理并不是绝对自私的“经济人”，来自机构投资者的善意会获得经理的回馈。在上市公司已经出现过度消耗公司内部现金资源的异常高派现的情况下，机构投资者对经理实施广义互惠，会使得经理有动力将公司现金股利分配向合理范围调整，而对于公司现金股利分配水平偏低的情况，机构投资者广义互惠行为能够抑制经理滥用现金流量，降低经理通过降低现金股利发放来谋取不正当收益。其次，在异常高派现组，机构投资者平衡互惠没有通过实证检验，表明机构投资者平衡互惠行为难以缓解损害公司长期发展的非理性高派现现象。在异常低派现组，机构投资者平衡互惠与现金股利显著负相关（B = -0.205，P<0.05），即如果公司存在低派现机会，机构投资者平衡互惠不仅不能抑制经理利用现金股利政策谋取私利，反而会加剧这样的现象。这从一个侧面说明了机构投资者平衡互惠中包含着“合谋”。在经理对上市公司现金股利分配拥有较大决定权的时候，机构投资者对经理实施的平衡互惠行为是与经理统一战线，而不是纠正经理的管理防御行为，验证了H4b的观点。最后，机构投资者负互惠对现金股利的影响在异常高派现组和异常低派现组都显著为负（B = -0.956，P<0.05；B = -0.189，P<0.01），再次证实了H3的观点，机构投资者负互惠加大公司的经营风险，使得经理迫切需要加强自身对公司运营的掌握，以此缓解公司内外部威胁。

6.3.2.3　机构投资者自身治理状况调节效应分析

在异常高派现组，机构治理水平的提高会加强机构投资者广义互惠对每股现金股利的负向影响（B = -0.028，P<0.1），机构投资者治理状况的提高能够减弱机构投资者平衡互惠与每股现金股利的正相关关系（B = -0.037，P<0.05）。以上检验结果表明，机构投资者自身治理状况越好，越有可能关注公司的长期发展，参与公司治理并对经理形成激励或制约。而现金分红并不是越高越好，当现金分红水平达到一定程度之后，如果再继续增加分红，将会导致融资成本增加，不利于公司长期发展。同时，随着机构投资者治理状况的提高，公司现金股利也趋向于合理化，即机构投资者的自身治理状况越好，就越少会通过平衡互惠与经理产生"合谋"，这符合H5提到的观点。

在异常低派现组，机构投资者自身治理状况的提高会减弱平衡互惠与每股现金股利的负相关关系（B =0.021，P<0.1），加强机构投资者负互惠与每股现金股利的负相关关系（B = -0.052，P<0.05）。这是由于治理状况较好的机构投资者更加重视维护声誉，其通过与经理之间的平衡互惠关系获得对公司更多的了解，从而促进其监督治理效果和决策建议水平。但是，一旦治理状况良好的机构投资者产生价差逐利的动机，其负互惠行为将对经理职业生涯、公司价值等产生更严重的负面影响，从而经理将会加强管理防御（见表6-5）。

表6-5　分组回归结果

变量	异常高派现				异常低派现			
	(1)	(2)	(3)	(4)	(5)	(6)	(7)	(8)
	Dividend	*Dividend*	*Dividend*	*Dividend*	*Dividend*	*Dividend*	*Dividend*	*Dividend*
GR	—	-0.134**	—	—	—	0.307***	—	—
BR	—	—	0.028	—	—	—	-0.261***	—
NR	—	—	—	-0.803*	—	—	—	-0.209***
INSgovern	0.054	0.049	0.046	0.050	0.034	0.039	0.037	0.041
INSgovern × *GR*	—	-0.028*	—	—	—	0.016	—	—

续表

变量	异常高派现				异常低派现			
	(1)	(2)	(3)	(4)	(5)	(6)	(7)	(8)
	Dividend	*Dividend*	*Dividend*	*Dividend*	*Dividend*	*Dividend*	*Dividend*	*Dividend*
INSgovern × *BR*	—	—	-0.037**	—	—	—	0.021*	—
INSgovern × *NR*	—	—	—	0.012	—	—	—	-0.052**
Size	-0.033	-0.034	-0.002	-0.033	0.002***	0.002***	0.002***	0.002***
Lev	0.166	0.165	-0.042	0.173	0.002	0.002	0.002	0.002
EPS	1.156***	1.153***	1.162***	1.151***	0.300***	0.309***	0.303***	0.306***
CAflow	0.082***	0.089***	0.088***	0.090***	0.006	0.009	0.008	0.008
Growth	0.147	0.144	0.140	0.142	0.009	0.009	0.009	0.009
调整 R^2	0.526	0.511	0.539	0.510	0.410	0.384	0.415	0.409
F Value	38.292	22.848	33.893	22.560	26.666	28.384	25.257	23.146
N	16	16	16	16	97	97	97	97

注：*、**、*** 分别表示在 10%、5%、1% 的显著性水平上显著。

6.4 进一步研究

Bona - Sánchez 等（2018）[258] 的研究表明，在监管薄弱和投资者保护环境较低的情况下，分析机构投资者的治理作用必须考虑投资者参与被投资公司的控制机制，如董事会。从机构投资者角度，董事会作为一种有效的公司监督机制，能够协调机构投资者对公司治理的干预。从经理角度来看，董事会可以在控制管理防御问题上发挥重要作用。在本书所选取的研究样本中，有 29.25% 的公司董事长和经理为同一个人。但是，前文没有就两职兼任对机构投资者互惠行为激励作用的影响展开分析。董事会作为一种重要的公司治理机制，其构成及其对公司决策和绩效的影响一直以来都是公司治理领域研究的热点。董事会是股利政策制定的核心，拥有“制定公司的利润分配方案和弥补亏损方案”的职权。因此，接下来将分析经理和董事长两职合一情况下，机构投资者互惠行为对现金股利分配水平的影响。

当经理兼任董事长时，将会对公司现金股利政策产生两方面的影响：一方面，当经理兼任董事长时，经理具有制定决策和监督决策执行的双重职责（Jensen，1993）[259]。由于经理更多追求自身利益而非股东利益最大化，所以两职合一，董事会难以有效地执行其关键的监督职能。尽管机构投资者也能够对公司的各项财务决策行为形成一定的监督，但是两职兼任的经理能够同时影响公司政策的制定和执行，其会出于个人利益角度来决定现金股利支付水平。经理会通过其在公司当中的影响力引导或说服董事会同意自己的提案，甚至通过控制董事会选举来安排符合自己利益的董事人员。因此，当上市公司的经理和董事长两职合一时，经理就能通过左右董事会决策进一步扩大控制权，倾向于降低公司的现金股利分配来实现个人利益最大化。另一方面，虽然经理兼任董事长会导致公司内部控制系统失效，但是能够促进经理与机构投资者的沟通与合作。互惠理论认为互惠个体之间的互动和沟通会加强双方的情感联系和亲密程度，从而使彼此产生信任和形成互惠联结关系（Granovetter，1973）[260]。当经理进入董事会兼任董事长一职时，通过频繁地参与董事会会议与机构投资者进行沟通，能够提高双方的信任水平，加强双方的互惠关系。同时，在双方的沟通中，经理拥有的公司内部财务信息对机构投资者履行建议职责也很有帮助。因为当公司的外部机构投资者不具备公司的财务背景或相关知识时，他们很难对公司未来作出准确的判断和评估，即使机构投资者本身具有一定的财务管理经验，他们也会更多地将这些经验用于对公司财务决策进行监督，较少结合公司的实际运营情况给予建议（Güner 等，2008）[261]，这可能会导致机构投资者互惠行为难以发挥出显著的激励作用。然而，如果经理没有进入董事会，那么经理与机构投资者日常接触的频率将大大减少，双方无法通过信息交流建立了解，经理难以得知机构投资者获取内部财务信息的真实目的，机构投资者也缺乏一定的信息渠道获取可靠的公司财务信息。双方交流的匮乏可能导致机构投资者为了规避风险和实现短期利益而放弃同经理合作或作出负互惠行为。综上所述，本书提出竞争性的假设：

H6a：两职兼任会加强机构投资者互惠行为对公司现金股利分配水平的影响。

H6b：两职兼任会减弱机构投资者互惠行为对公司现金股利分配水平的影响。

本书建立模型3来检验以上两个假设。

模型3：$$Dividend = \alpha_0 + \alpha_1 Reciprocity + \alpha_2 Apost + \alpha_3 Reciprocity \times Apost + \alpha_4 Controls + \varepsilon \quad (6.3)$$

模型3是在模型1的基础上增加了变量*Apost*，以及*Apost*和*Reciprocity*的交互项，其中，*Apost*表示两职兼任虚拟变量。如果经理兼任董事长，则变量*Apost*取值1，否则为0。

从表6-6可以看出，当经理兼任董事长时，公司的现金股利支付水平更低（B = -0.254**，$P<0.05$），这验证了张海燕和陈晓（2008）[262]的观点。机构投资者广义互惠、平衡互惠和负互惠的回归系数和前文的数据分析结果基本一致，即前文的研究结论没有发生实质性变化。另外，两职兼任和机构投资者负互惠的交互项显著为正（B = 0.042**，$P<0.05$），说明两职兼任会减弱机构投资者负互惠行为与公司现金股利分配水平的负相关关系，部分证实了H6b的观点。

表6-6　全样本回归结果

变量	全样本			
	(1)	(2)	(3)	(4)
	Dividend	*Dividend*	*Dividend*	*Dividend*
GR	—	0.166**	—	—
BR	—	—	0.751*	—
NR	—	—	—	-0.105*
Apost	-0.254**	-0.249**	-0.246**	-0.250**
Apost × *GR*		-0.013		
Apost × *BR*			-0.017	

续表

变量	全样本			
	(1)	(2)	(3)	(4)
	Dividend	*Dividend*	*Dividend*	*Dividend*
Apost × *NR*				0.042**
Size	0.012***	0.013***	0.012***	0.012***
Lev	−0.374***	−0.336***	−0.308***	−0.368***
EPS	0.192**	0.191**	0.211**	0.202**
CAflow	0.243**	0.293**	0.252**	0.252**
Growth	0.114	0.120	0.110	0.114
调整 R^2	0.305	0.317	0.322	0.331
F Value	29.560	26.529	25.127	25.072
N	213	213	213	213

注：*、**、*** 分别表示在10%、5%、1%的显著性水平上显著。

6.5　本章小结

本章在第5章对互惠类型划分的基础上，分析和检验了机构投资者互惠行为对公司现金股利分配水平的影响，并探索性地研究了平衡互惠当中可能包含的“合谋”问题。研究结果显示：机构投资者广义互惠所传达的善意能够激励经理放弃自利性目标，降低异常派现行为。机构投资者负互惠会使得经理减少现金股利的分配，保留更多的自由现金流。机构投资者通过平衡互惠行为与经理建立起的合作关系会导致双方产生“合谋”，对于存在着异常低派现问题的公司，机构投资者平衡互惠不但无法激励经理提高现金股利支付水平，平衡互惠所包含的“合谋”反而会为经理掩藏更多的自由现金流提供机会。另外，在存在异常低派现问题的公司，机构投资者自身治理状况的提高能降低其平衡互惠行为与现金股利的负相关关系，即机构投资者自身治理状况的提高能够缓解机构投资者和经理之间的

"合谋"现象。本章研究在理论上丰富和拓展了有关互惠理论、股利理论和经理管理防御理论的相关研究，有助于厘清关于机构投资者和经理之间"合谋"问题的争议，为进一步完善经理激励约束机制提供有效的理论依据和现实参考。

第 7 章

研究结论与展望

7.1 主要结论

随着公司所有权和经营权的分离，股东和经理的目标也随之产生分歧。在公司当中，相对于股东而言，经理具有很强的信息优势，如果公司激励契约不能发挥有效的激励作用，经理就会选择有利于个人利益而非公司整体利益的策略或行为来加强其职位安全性和实现自身效用最大化，即经理管理防御行为。所以，经理的激励约束问题仍然是现代公司治理问题研究中的重点。机构投资者持股作为一种重要的公司治理机制，近年来受到了学者们的广泛关注并形成了大量研究文献。机构投资者在参与公司治理中，耗费成本利他是出于提高股东收益的考虑，这一动机和行为正是互惠理论内涵的体现——冒险降低个体适应度实施非亲缘利他行为是基于对日后回报行为带来利益补偿的期望。基于此，本书结合互惠理论分析机构投资者对经理管理防御的激励作用。首先，本书在文献梳理的基础上建立了机构投资者互惠行为对经理管理防御影响的理论模型。以传统经济学的理性“经济人”假设为出发点，分析了互惠偏好产生的原因，并结合经理作为高级管理人才具有成就动机这一特点，采用成就动机模型分析了机构投资者互惠行为对经理产生激励作用的内在原因。其次，考虑到互惠博弈过程中参与者的高阶信念，采用 DK 动态序贯互惠模型分析了机构投资者和经理之间的互惠博弈过程，解释了在二阶信念的影响之下互惠动机是如何改变行为策略的。再次，实证检验机构投资者广义互惠、平衡互惠和负互惠对公司非效率投资的影响，探讨了机构投资者持股的调节效应，以及公司所有权特征对机构投资者互惠行为激励作用的影响。最后，实证检验机构投资者互惠行为对公司现金股利分配的影响，在验证前文研究结论的同时，分析了机构投资者与经理之间的“合谋”问题。本书的研究由浅入深，分析了机构投资者互惠行为对经理的激励作用，为理性“经济人”假设下对该问题理论研究结论与实践不一致的现象提供了解释。

第一，通过分析互惠博弈当中参与者对信念判断的重要性，解释了机构投资者和经理之间基于信念判断的互惠博弈关系。并且基于 Sahlins 对互惠的分类，探讨了机构投资者互惠行为的具体表现形式，及其对经理决策选择的影响。在此基础上，综合采用经济学中的人性假设理论、心理学中的 Atkinson 期望价值成就动机模型对机构投资者互惠行为激励作用产生的原因进行了分析。分析结果显示：行为经济学下的互惠理论与传统经济学的理性“经济人”假设非但不存在矛盾，反而经济个体的自利性特征正是互惠行为产生和发挥激励作用的根本原因。另外，机构投资者互惠行为有助于经理满足由于渴望成功的动机而产生的需要，且有助于经理降低避免失败的动机，从而降低经理管理防御行为。这些理论分析结论为本书后续进行理论推演、构建研究假设建立了重要的基础。接着，分析了机构投资者互惠行为的影响因素。分析结果显示，机构投资者开展互惠行为是权衡该行为的成本以及物质收益、互惠心理收益之后作出的选择；并且，只有机构投资者在公司当中具备一定的话语权，具有同大股东、经理博弈的能力，其互惠行为才有可能对经理产生激励作用；而建立信任对于培养机构投资者和经理之间的互惠关系是有价值的；机构投资者互惠行为能够弥补信息不对称情况下公司契约的失效。以上因素也将作为后续章节理论分析和模型建立时考虑的内容。

第二，通过 DK 序贯互惠模型，为机构投资者和经理植入互惠偏好，考察机构投资者和经理行为策略的影响因素和有效激励措施。证实了机构投资者和经理的行为不仅受到机构投资者持股比例、经理薪酬绩效敏感性等客观外部因素的影响，更重要的是受到双方互惠动机的影响，以及对双方行为或信念的判断的影响。研究结论可以归纳为以下几点：一是当经理充分受互惠动机驱动，如果机构投资者不实施投机，经理也就不会产生管理防御行为；反之，如果机构投资者投机，经理就会实施管理防御行为以降低自身利益的损失。二是如果经理的互惠敏感性较小，无论机构投资者采取何种策略，管理防御行为都是经理的理性选择结果。三是经理的互惠敏感性低会促使机构投资者投机行为的发生。四是当经理的互惠敏感性较大，无论机构投资者的互惠敏感性如何，放弃投机都是机构投资者最合理的均衡选择。五是较高的机构投资者持股比例和经理薪酬业绩敏感性，或者较低的公司大股东持股能促进机构投资者和经理互惠行为的激励作用，抑制经理管理防御行为和机构投资者投机行为的产生。

第三，基于 Sahlins 对互惠类型的划分，编制了中国上市公司机构投资者对被投资公司经理互惠行为的量表，并建立了多元回归模型。实证检验了机构投资者的广义互惠行为、平衡互惠行为和负互惠行为对公司非效率投资的影响，以及机构投资者持股比例的调节作用。另外，结合中国上市公司产权性质，将上市公司分为国有和非国有两大类，分析了不同产权性质下，机构投资者互惠行为激励作用的差异。研究发现：本书所建立的互惠量表取得了较高的信度和效度。机构投资者实施广义互惠能够抑制公司非效率投资；而机构投资者实施负互惠，会加剧公司的非效率投资现象；机构投资者平衡互惠对提高公司投资效率的作用不显著。与此同时，机构投资者持股比例上升能够加强机构投资者互惠行为对公司非效率的影响，机构投资者互惠行为对国有企业投资效率的影响强于非国有企业。

第四，实证检验了机构投资者互惠行为对公司现金股利分配水平的影响，并探索性地研究了平衡互惠当中可能包含的“合谋”问题。研究结果显示：机构投资者广义互惠所传达的善意能够激励经理降低管理防御动机，从而减少公司的异常派现现象。机构投资者负互惠会使得经理减少现金股利的分配，保留更多的自由现金流。机构投资者通过平衡互惠行为与经理建立起的合作关系会导致双方产生“合谋”，对于存在着异常低派现问题的公司，机构投资者平衡互惠不但无法激励经理提高现金股利支付水平，平衡互惠中所包含的“合谋”反而会为经理提供掩藏更多自由现金流的机会。另外，在存在异常低派现问题的公司当中，机构投资者自身治理状况的提高能降低其平衡互惠行为与现金股利的负相关关系，即机构投资者自身治理状况的提高能够缓解机构投资者和经理之间的“合谋”现象。这一研究在理论上丰富和拓展了有关互惠理论、股利理论和经理管理防御理论的相关研究，帮助厘清有关机构投资者和经理“合谋”问题的争议，为进一步完善经理激励约束机制提供理论依据和现实参考。

7.2 管理启示

本书的分析结果对我国上市公司的治理和改革具有一定的借鉴意义。合理的公司治理机制必须建立在对公司重要利益主体的认识之上，约束机构投资者行为和基于经理互惠动机优化公司激励机制，是改善公司治理质量和提高治理效率的关键。所以，在本书研究结论基础上，提出如下建议：

（1）规范机构投资者行为。首先，完善机构投资者自身的治理。机构投资者自身也面临委托代理问题，并且机构投资者所面临的代理问题更加突出。公司经理不仅会受到来自公司股东、董事会的制约和监督，还要接受来自经理人市场的监督，面临敌意收购、破产清算等潜在风险的威胁，而机构投资者由于代理链较长，较少更换管理者，所以代理问题和利益冲突更加严重。因此，要完善机构投资者治理，主要包括以下几方面：一是明确机构投资者的“治理实体”特征，加强机构投资者内部管理机制，明确相关运作主体的职责，建立管理人、托管人等之间的监督制衡关系。二是加强证券市场监管和立法，完善对机构投资者相关主体责任的评价机制和监督机制。三是推动托管制度的建立。可以借鉴国际上一些国家要求向公众募集资金的机构投资者必须独立于管理人主体的做法，要求机构投资者仅承担保管受托资金和监督管理人的职责，以保证财产独立性。同时，赋予机构投资者作为托管人的监督职责，加强对管理人的监管，包括监督管理人的投资行为、复核会计报表和会计估值等。其次，促进机构投资者发挥积极治理作用。应完善各类机构投资者内部的组织形式，注重培育长期型、监管型、价值型机构投资者。另外，应进一步改革上市公司股东决策机制，放松对机构投资者持股比例的限制，从而降低机构投资者参与被投资公司决策的成本。最后，要加强管理当局相关制度的建设，加大监管力度，可以运用各种现代化监管手段建立风险预警系统与网络监管系统，通过使机构投资者在实施投机行为时面临巨大风险抑制该行为的出现。推动机构投资者成为有效监督者并防止其转变为利益攫取者。

(2) 正视经理的互惠动机需要。首先，在公司治理机制层面上，要重视经理的互惠动机，并将这一特征作为公司制度设计的重要考虑因素，弥补当前设计激励机制单纯依靠外部控制和物质激励的局限，构建机构投资者和经理之间基于互惠的信任关系，建立具有“互惠”特点的心理契约。一方面，通过有效的制度设计鼓励经理对机构投资者的积极互惠行为作出反应。另一方面，加强经理对机构投资者的认同度以及对公司的满意度，加强双方的长期博弈预期，使机构投资者和经理之间形成长期、良好的互动态势，从而构建富有效率的公司治理机制。其次，在公司文化环境层面，要注重互惠偏好思想与现代管理理论的融合。在现代管理理论指导下，公司内外部存在着许多自发的互惠行为，影响公司治理机制作用的发挥，但缺乏规范性的引导和扶持。要大力培育浓郁的互惠性文化环境，使主观的管理策略和客观的公司运作机理协调一致。建设基于互惠思想的公司文化环境，加强对零散互惠行为的培育，帮助互惠性文化成长。挖掘对公司治理影响突出的互惠个体和互惠行为，形成规范的互惠管理模式，以互惠理念为公司治理机制作补充。

(3) 提升公司信息披露水平。首先，公司要通过信息环境设计促进机构投资者互惠行为的积极效应。需要提升信息传输的效率、改善公司内外部信息透明度，从而加强经理对机构投资者正互惠行为相关信息的接收。另外，公司契约设计中当注重信息流通可能造成的负面影响，保障经理在机构投资者的短期行为下基本利益和职位安全。同时，对经理进行降薪、调岗、解聘等惩罚措施不要完全受契约条款的限制，应当注重对经营业绩下降原因的分析。其次，要加强上市公司信息披露制度，保障中小股东对公司经营状况和财务状况的知情权，并鼓励其借助媒体和网络等方式强化中小股东监督权和表决权，防止少数股东利用其特殊条件操纵市场，误导投资者。最后，强化对机构投资者参与公司治理的信息披露。一些公司存在披露制度不健全所导致的机构投资者行为欠缺问题，机构投资者可能与其他机构投资者或公司大股东达成协议，成为一致行动人举牌投票。相关监管机构应当建立和完善上市公司股东行使投票权的制度规范，强化对股东履职行为的披露。同时，机构投资者应当披露有关被投资公司投票决策结果、战略改革计划等信息，并建立披露书面的投票政策及程序。

（4）建立机构投资者和经理之间的信任。信任作为互惠的前驱体，是引导机构投资者积极互惠行为的保证。事实上，机构投资者和经理对互惠合作的承诺表现在继续努力建立双方之间的关系，最终维持合作并保证其成功，从而确保长期的利益是通过相互间的合作而积累起来的。鉴于上述情况，信任、关系建设的承诺很可能成为任何成功的互惠合作安排的支柱。因此，相互信任的发展应该是机构投资者和经理战略联盟的目标，在商业合作环境中，更应是相互稳固的关系。因此，首先，双方应当重视建立良好的声誉。机构投资者要以稳定的投资促成相互信任。经理要平衡短期利润和长期价值创造，在战略联盟和互惠合作安排中发挥主导作用。其次，加强交流和沟通以降低机构投资者和经理的信息不对称，增加双方对彼此行为的动态了解，从而获得对彼此未来行为的正确判断。最后，加强合作双方对未来共同发展的重视。如果未来的发展足够重要，那么任何一方的背叛都将带来收益的降低。重视培养经理专业能力和提升机构投资者价值创造水平，使合作能带来整体回报的提高，加强双方对未来共同发展前景的良好预期，从而促进相互信任。

7.3 研究展望

本书研究了机构投资者互惠行为对经理的激励作用，研究的局限及对未来研究的展望如下：

第一，本书在基于互惠偏好分析机构投资者和经理之间博弈问题时，为了简化模型，设计了一个单次博弈，未对重复博弈下机构投资者与经理的互惠行为特征及互惠激励作用做更深入的探讨。后续研究将重复进行多次博弈，从而更深入地分析机构投资者与经理之间互惠行为的权变关系。

第二，本书仅揭示了机构投资者互惠行为对公司投资效率、股利分配水平的影响，但是没有考虑公司股利决策和投资决策之间的关联，及机构投资者互惠行为对此的影响，这也是未来的一个研究方向。

第三，本书的研究将机构投资者定义为一个整体，但并未分析不同类型的机构投资者互惠行为特征的差异。在后续研究当中，将进一步探讨机构投资者类型、互惠行为与管理防御三者之间的交叉关系。

综上，由于作者研究水平和时间的局限，本书仍存在一些值得深入分析的问题，后续将在本书的基础上进一步深入研究。

附　录

附表 1

互惠量表可靠性检验结果如下：

（1） GR 量表

Tab 1　　Case Processing Summary

		N	%
Cases	Valid	212	99.5
	Excluded[a]	1	0.5
	Total	213	100

a. Listwise deletion based on all variables in the procedure.

Tab 2　　Reliability Statistics

Cronbach's Alpha	Cronbach's Alpha Based on Standardized Items	N of Items
0.860	0.859	4

（2） BR 量表

Tab 3　　Case Processing Summary

		N	%
Cases	Valid	213	100
	Excluded[a]	0	0
	Total	213	100

a. Listwise deletion based on all variables in the procedure.

Tab 4　　Reliability Statistics

Cronbach's Alpha	Cronbach's Alpha Based on Standardized Items	N of Items
0.777	0.776	5

（3）NR 量表

Tab 5 Case Processing Summary

		N	%
Cases	Valid	211	99.1
	Excluded[a]	2	0.9
	Total	213	100

a. Listwise deletion based on all variables in the procedure.

Tab 6 Reliability Statistics

Cronbach's Alpha	Cronbach's Alpha Based on Standardized Items	N of Items
0.865	0.865	6

附表 2

表 1 招商证券基金评级（2017 年一季度公布）

代码	基金公司	3 年评级	代码	基金公司	3 年评级	代码	基金公司	3 年评级
000419	摩根士丹利华鑫基金	五星	519732	交银施罗德基金	五星	000431	鹏华基金	五星
650001	英大基金	五星	090007	大成基金	五星	260103	景顺长城基金	五星
000423	前海开源基金	五星	270050	广发基金	五星	519091	新华基金	五星
340008	兴全基金	五星	000127	农银汇理基金	五星	350001	天治基金	五星
000634	富国基金	五星	377240	上投摩根基金	五星	000619	上海东方证券资产管理	五星
000029	富国基金	五星	370024	上投摩根基金	五星	000742	国泰基金	五星
710002	富安达基金	五星	519019	大成基金	五星	519008	汇添富基金	五星
519066	汇添富基金	五星	519979	长信基金	五星	260116	景顺长城基金	五星
240022	华宝基金	五星	202003	南方基金	五星	000898	华富基金	五星

续表

代码	基金公司	3年评级	代码	基金公司	3年评级	代码	基金公司	3年评级
180013	银华基金	五星	660010	农银汇理基金	五星	519743	交银施罗德基金	五星
180031	银华基金	五星	270041	广发基金	五星	020005	国泰基金	四星
100026	富国基金	五星	090013	大成基金	五星	570005	诺德基金	四星
000566	华泰柏瑞基金	五星	206007	鹏华基金	五星	260110	景顺长城基金	四星
000294	华安基金	五星	040008	华安基金	五星	550003	中信保诚基金	四星
100056	富国基金	五星	398061	中海基金	五星	550008	中信保诚基金	四星
450002	国海富兰克林基金	五星	519664	银河基金	五星	519688	交银施罗德基金	四星
340007	兴全基金	五星	070032	嘉实基金	五星	690005	民生加银基金	四星
310388	申万菱信基金	五星	519606	国泰基金	五星	519069	汇添富基金	四星
519736	交银施罗德基金	五星	000143	鹏华基金	五星	110023	易方达基金	四星
519068	汇添富基金	五星	001031	华夏基金	五星	200012	长城基金	四星
020026	国泰基金	五星	000385	景顺长城基金	五星	163805	中银基金	四星
360007	光大保德信基金	五星	020033	国泰基金	五星	519056	海富通基金	四星
180012	银华基金	五星	000171	易方达基金	五星	050018	博时基金	四星
000457	上投摩根基金	五星	000256	上投摩根基金	五星	000595	嘉实基金	四星
100020	富国基金	五星	000973	新华基金	五星	690004	民生加银基金	四星
020001	国泰基金	五星	200009	长城基金	五星	481008	工银瑞信基金	四星
160215	国泰基金	五星	020019	国泰基金	五星	260111	景顺长城基金	四星
070018	嘉实基金	五星	000338	鹏华基金	五星	200008	长城基金	四星
000527	南方基金	五星	380009	中银基金	五星	730002	方正富邦基金	四星
000020	景顺长城基金	五星	000898	华富基金	五星	460007	华泰柏瑞基金	四星
570001	诺德基金	五星	519743	交银施罗德基金	五星	165512	中信保诚基金	四星
100022	富国基金	五星	000024	摩根士丹利华鑫基金	五星	240020	华宝基金	四星
110015	易方达基金	五星	519669	银河基金	五星	000601	华宝基金	四星
110011	易方达基金	五星	040026	华安基金	五星	160212	国泰基金	四星
000083	汇添富基金	五星	000286	银华基金	五星	540003	汇丰晋信基金	四星
519690	交银施罗德基金	五星	519152	新华基金	五星	162006	长城基金	四星
260108	景顺长城基金	五星	261001	景顺长城基金	五星	260112	景顺长城基金	四星
162605	景顺长城基金	五星	020002	国泰基金	五星	000167	广发基金	四星

续表

代码	基金公司	3年评级	代码	基金公司	3年评级	代码	基金公司	3年评级
540009	汇丰晋信基金	五星	233005	摩根士丹利华鑫基金	五星	270001	广发基金	四星
110022	易方达基金	五星	290009	泰信基金	五星	519156	新华基金	四星
000377	上投摩根基金	四星	217022	招商基金	五星	530016	建信基金	四星
001011	华夏基金	四星	240003	华宝基金	五星	690001	民生加银基金	四星
160127	南方基金	四星	582002	东吴基金	五星	000408	民生加银基金	四星
450009	国海富兰克林基金	四星	000507	泰达宏利基金	五星	000496	长安基金	四星
540006	汇丰晋信基金	四星	000480	上海东方证券资产管理	五星	233001	摩根士丹利华鑫基金	四星
000592	建信基金	四星	002021	华夏基金	五星	163810	中银基金	四星
040025	华安基金	四星	002001	华夏基金	五星	160627	鹏华基金	四星
000011	华夏基金	四星	000529	广发基金	五星	000526	国泰基金	四星
000520	上银基金	四星	162210	泰达宏利基金	四星	000511	国泰基金	四星
161219	国投瑞银基金	四星	180025	银华基金	四星	160133	南方基金	四星
080008	长盛基金	四星	206003	鹏华基金	四星	000532	景顺长城基金	四星
519909	华安基金	四星	180015	银华基金	四星	000173	汇添富基金	四星
020003	国泰基金	四星	000054	鹏华基金	四星	090004	大成基金	四星
000367	国泰基金	四星	400016	东方基金	四星	160916	大成基金	四星
000125	上投摩根基金	四星	376510	上投摩根基金	四星	100060	富国基金	四星
340009	兴全基金	四星	000577	安信基金	四星	160607	鹏华基金	四星
160217	国泰基金	四星	000751	嘉实基金	四星	161005	富国基金	四星
400009	东方基金	四星	000513	富国基金	四星	400025	东方基金	四星
166008	中欧基金	四星	519702	交银施罗德基金	四星	519035	富国基金	四星
110017	易方达基金	四星	163412	兴全基金	四星	070013	嘉实基金	四星
000186	华泰柏瑞基金	四星	519672	银河基金	四星	460001	华泰柏瑞基金	四星
519078	汇添富基金	四星	160505	博时基金	四星	110013	易方达基金	四星
519186	万家基金	四星	310358	申万菱信基金	四星	040020	华安基金	四星
161614	融通基金	四星	398021	中海基金	四星	519712	交银施罗德基金	四星
164902	交银施罗德基金	四星	160918	大成基金	四星	550002	中信保诚基金	四星
360008	光大保德信基金	四星	377530	上投摩根基金	四星	481013	工银瑞信基金	四星

续表

代码	基金公司	3年评级	代码	基金公司	3年评级	代码	基金公司	3年评级
160602	鹏华基金	四星	020023	国泰基金	四星	530011	建信基金	四星
070005	嘉实基金	四星	519674	银河基金	四星	660015	农银汇理基金	四星
000047	华夏基金	四星	660004	农银汇理基金	四星	163402	兴全基金	四星
410004	华富基金	四星	020009	国泰基金	四星	570008	诺德基金	四星
000139	富国基金	四星	110005	易方达基金	四星	090015	大成基金	四星
519740	交银施罗德基金	四星	260101	景顺长城基金	四星	110010	易方达基金	四星
000744	北信瑞丰	四星	163302	摩根士丹利华鑫基金	四星	460009	华泰柏瑞基金	四星
000205	易方达基金	四星	110025	易方达基金	四星	519002	华安基金	四星
161820	银华基金	四星	519704	交银施罗德基金	四星	070019	嘉实基金	四星
519985	长信基金	四星	710001	富安达基金	四星	257020	国联安基金	四星
000319	泰达宏利基金	四星	470009	汇添富基金	四星	090009	大成基金	四星
162715	广发基金	四星	162607	景顺长城基金	四星	620006	金元顺安基金	四星
000032	易方达基金	四星	519668	银河基金	四星	519181	万家基金	四星
000194	银华基金	四星	202005	南方基金	四星	481017	工银瑞信基金	四星
000152	大成基金	四星	690003	民生加银基金	四星	690007	民生加银基金	四星
040040	华安基金	四星	519001	银华基金	四星	217012	招商基金	四星
000084	博时基金	四星	166001	中欧基金	四星	233006	摩根士丹利华鑫基金	四星
110037	易方达基金	四星	519185	万家基金	四星	000017	财通基金	四星
050027	博时基金	四星	630006	华商基金	四星	260115	景顺长城基金	四星
270044	广发基金	四星	420005	天弘基金	四星	519694	交银施罗德基金	四星
519188	万家基金	四星	070022	嘉实基金	四星	000612	华宝基金	四星
070037	嘉实基金	四星	202023	南方基金	四星	720001	财通基金	四星
000306	天弘基金	四星	270002	广发基金	四星	519697	交银施罗德基金	四星
240012	华宝基金	四星	000259	农银汇理基金	四星	160624	鹏华基金	四星
261002	景顺长城基金	四星	040015	华安基金	四星	000410	益民基金	四星
000463	华商基金	四星	660003	农银汇理基金	四星	162203	泰达宏利基金	四星
121012	国投瑞银基金	四星	519700	交银施罗德基金	四星	690009	民生加银基金	四星
000045	工银瑞信基金	四星	000584	新华基金	四星	110001	易方达基金	四星

续表

代码	基金公司	3年评级	代码	基金公司	3年评级	代码	基金公司	3年评级
485111	工银瑞信基金	四星	163807	中银基金	四星	000598	长盛基金	四星
000810	富国基金	四星	000273	华润元大基金	四星	000215	广发基金	四星
100035	富国基金	四星	217005	招商基金	四星	000512	国泰基金	四星
000875	建信基金	四星	000136	民生加银基金	四星	571002	诺德基金	四星
530009	建信基金	四星	255010	国联安基金	四星	580009	东吴基金	四星
470010	汇添富基金	四星	000073	上投摩根基金	四星	050007	博时基金	四星
233012	摩根士丹利华鑫基金	四星	000755	富安达基金	四星	160311	华夏基金	四星
160612	鹏华基金	四星	000404	易方达基金	四星	000587	大成基金	四星
450005	国海富兰克林基金	四星	519656	银河基金	四星	000531	东吴基金	四星
000406	汇添富基金	四星	070001	嘉实基金	四星	000554	南方基金	四星
080001	长盛基金	四星	485114	工银瑞信基金	三星	100066	富国基金	三星
202101	南方基金	四星	000435	建信基金	三星	590009	中邮基金	三星
360006	光大保德信基金	三星	217018	招商基金	三星	000629	圆信永丰基金	三星
519018	汇添富基金	三星	000184	工银瑞信基金	三星	000655	鑫元基金	三星
180010	银华基金	三星	165509	中信保诚基金	三星	000563	南方基金	三星
620008	金元顺安基金	三星	550004	中信保诚基金	三星	000489	光大保德信基金	三星
270006	广发基金	三星	470018	汇添富基金	三星	519723	交银施罗德基金	三星
040035	华安基金	三星	165310	建信基金	三星	380005	中银基金	三星
377150	上投摩根基金	三星	000473	广发基金	三星	530021	建信基金	三星
160610	鹏华基金	三星	000118	广发基金	三星	000149	华安基金	三星
270028	广发基金	三星	160915	大成基金	三星	000305	中银基金	三星
470098	汇添富基金	三星	000616	上投摩根基金	三星	000187	华泰柏瑞基金	三星
240001	华宝基金	三星	040036	华安基金	三星	270048	广发基金	三星
590005	中邮基金	三星	000333	长城基金	三星	100058	富国基金	三星
000652	博时基金	三星	163811	中银基金	三星	750002	安信基金	三星
210008	金鹰基金	三星	360013	光大保德信基金	三星	000191	富国基金	三星
660006	农银汇理基金	三星	530020	建信基金	三星	000069	国投瑞银基金	三星
162214	泰达宏利基金	三星	630009	华商基金	三星	000801	中金基金	三星
000339	长城基金	三星	040012	华安基金	三星	000736	诺安基金	三星

续表

代码	基金公司	3年评级	代码	基金公司	3年评级	代码	基金公司	3年评级
161609	融通基金	三星	519977	长信基金	三星	206018	鹏华基金	三星
040016	华安基金	三星	253060	国联安基金	三星	485119	工银瑞信基金	三星
070011	嘉实基金	三星	519733	交银施罗德基金	三星	460008	华泰柏瑞基金	三星
200006	长城基金	三星	213007	宝盈基金	三星	000015	华夏基金	三星
530005	建信基金	三星	310508	申万菱信基金	三星	161603	融通基金	三星
410009	华富基金	三星	690006	民生加银基金	三星	000122	汇添富基金	三星
530019	建信基金	三星	395011	中海基金	三星	450018	国海富兰克林基金	三星
610002	信达澳银基金	三星	217023	招商基金	三星	371020	上投摩根基金	三星
150103	银河基金	三星	020027	国泰基金	三星	000694	鑫元基金	三星
000477	广发基金	三星	372010	上投摩根基金	三星	040045	华安基金	三星
166020	中欧基金	三星	540001	汇丰晋信基金	三星	110027	易方达基金	三星
000572	中银基金	三星	000466	融通基金	三星	620003	金元顺安基金	三星
519165	新华基金	三星	420008	天弘基金	三星	530017	建信基金	三星
519738	交银施罗德基金	三星	080003	长盛基金	三星	000287	银华基金	三星
540004	汇丰晋信基金	三星	070025	嘉实基金	三星	070015	嘉实基金	三星
000452	南方基金	三星	161813	银华基金	三星	000121	华夏基金	三星
000567	广发基金	三星	164606	华泰柏瑞基金	三星	000711	嘉实基金	三星
000664	国联安基金	三星	164105	华富基金	三星	163110	申万菱信基金	三星
519050	海富通基金	三星	161216	国投瑞银基金	三星	000756	建信基金	三星
000590	华安基金	三星	110035	易方达基金	三星	000411	景顺长城基金	三星
000214	广发基金	三星	270029	广发基金	三星	000309	摩根士丹利华鑫基金	三星
002031	华夏基金	三星	161115	易方达基金	三星	000729	建信基金	三星
762001	国金基金	三星	000014	华夏基金	三星	519997	长信基金	三星
000763	工银瑞信基金	三星	200013	长城基金	三星	310308	申万菱信基金	三星
161601	融通基金	三星	040009	华安基金	三星	000056	建信基金	三星
350007	天治基金	三星	660002	农银汇理基金	三星	160605	鹏华基金	三星
000753	华宝基金	三星	001001	华夏基金	三星	481001	工银瑞信基金	三星
770001	德邦基金	三星	162712	广发基金	三星	090003	大成基金	三星

续表

代码	基金公司	3年评级	代码	基金公司	3年评级	代码	基金公司	3年评级
000001	华夏基金	三星	660013	农银汇理基金	三星	160211	国泰基金	三星
050012	博时基金	三星	630003	华商基金	三星	000547	建信基金	三星
000219	博时基金	三星	050106	博时基金	三星	519017	大成基金	三星
090001	大成基金	三星	161010	富国基金	三星	260117	景顺长城基金	三星
000414	嘉实基金	三星	310378	申万菱信基金	三星	377010	上投摩根基金	三星
000417	国联安基金	三星	519680	交银施罗德基金	三星	000308	建信基金	三星
151002	银河基金	三星	100018	富国基金	三星	160613	鹏华基金	三星
000639	宝盈基金	三星	000130	大成基金	三星	200015	长城基金	三星
121001	国投瑞银基金	三星	000252	景顺长城基金	三星	080005	长盛基金	三星
450003	国海富兰克林基金	三星	257040	国联安基金	三星	161610	融通基金	三星
000458	英大基金	三星	519025	海富通基金	三星	163801	中银基金	三星
450011	国海富兰克林基金	三星	460002	华泰柏瑞基金	三星	110009	易方达基金	三星
540002	汇丰晋信基金	三星	162204	泰达宏利基金	三星	000251	工银瑞信基金	三星
660012	农银汇理基金	三星	519011	海富通基金	三星	000362	国泰基金	三星
162703	广发基金	三星	213002	宝盈基金	三星	610001	信达澳银基金	三星
530006	建信基金	三星	483003	工银瑞信基金	三星	260104	景顺长城基金	三星
000057	中银基金	三星	320018	诺安基金	三星	378010	上投摩根基金	三星
270007	广发基金	三星	000065	国海富兰克林基金	三星	270025	广发基金	三星
160105	南方基金	三星	410007	华富基金	三星	260109	景顺长城基金	三星
000589	光大保德信基金	三星	080002	长盛基金	三星	000039	农银汇理基金	三星
100039	富国基金	三星	000597	中海基金	三星	121006	国投瑞银基金	三星
620005	金元顺安基金	三星	000328	上投摩根基金	三星	530003	建信基金	三星
050014	博时基金	三星	180018	银华基金	三星	519679	银河基金	三星
000746	招商基金	三星	000747	广发基金	三星	660001	农银汇理基金	三星
000418	景顺长城基金	三星	519991	长信基金	三星	519115	浦银安盛基金	三星
000409	鹏华基金	三星	519183	万家基金	三星	020010	国泰基金	三星
000549	华安基金	三星	163809	中银基金	三星	121005	国投瑞银基金	三星
000594	摩根士丹利华鑫基金	三星	000314	招商基金	三星	519099	新华基金	三星

续表

代码	基金公司	3年评级	代码	基金公司	3年评级	代码	基金公司	3年评级
210003	金鹰基金	三星	320006	诺安基金	三星	217001	招商基金	三星
257030	国联安基金	三星	519971	长信基金	三星	730001	方正富邦基金	三星
166002	中欧基金	三星	162202	泰达宏利基金	三星	240011	华宝基金	三星
206009	鹏华基金	三星	000573	天弘基金	三星	040005	华安基金	三星
377020	上投摩根基金	三星	210002	金鹰基金	三星	550001	中信保诚基金	三星
370027	上投摩根基金	三星	000714	诺安基金	三星	519158	新华基金	三星
000551	中信保诚基金	三星	519125	浦银安盛基金	三星	379010	上投摩根基金	三星
519033	海富通基金	三星	398031	中海基金	三星	161903	万家基金	三星
420003	天弘基金	三星	112002	易方达基金	三星	320012	诺安基金	三星
470028	汇添富基金	三星	000279	华商基金	三星	570006	诺德基金	三星
202011	南方基金	三星	630016	华商基金	三星	450007	国海富兰克林基金	三星
481015	工银瑞信基金	三星	519003	海富通基金	三星	550009	中信保诚基金	三星
398001	中海基金	三星	398051	中海基金	三星	373020	上投摩根基金	三星
270008	广发基金	三星	420009	天弘基金	三星	151001	银河基金	三星
320011	诺安基金	三星	000688	景顺长城基金	三星	000165	国投瑞银基金	三星
257050	国联安基金	三星	000082	嘉实基金	三星	200007	长城基金	三星
000117	广发基金	三星	000761	国海富兰克林基金	三星	202002	南方基金	三星
210005	金鹰基金	三星	162208	泰达宏利基金	三星	202001	南方基金	三星
020015	国泰基金	三星	160910	大成基金	三星	450001	国海富兰克林基金	三星
161706	招商基金	三星	310368	申万菱信基金	三星	257010	国联安基金	三星
740001	长安基金	三星	398011	中海基金	三星	519127	浦银安盛基金	三星
375010	上投摩根基金	三星	233011	摩根士丹利华鑫基金	三星	070003	嘉实基金	三星
161818	银华基金	三星	570007	诺德基金	三星	000556	国投瑞银基金	三星
166009	中欧基金	三星	450004	国海富兰克林基金	三星	100029	富国基金	三星
165508	中信保诚基金	三星	202007	南方基金	三星	202027	南方基金	三星

续表

代码	基金公司	3年评级	代码	基金公司	3年评级	代码	基金公司	3年评级
240005	华宝基金	三星	217013	招商基金	三星	217021	招商基金	三星
470008	汇添富基金	三星	400007	东方基金	三星	750005	安信基金	三星
090020	大成基金	三星	040011	华安基金	三星	420001	天弘基金	三星
580003	东吴基金	三星	206002	鹏华基金	三星	000390	华商基金	三星
519670	银河基金	三星	162207	泰达宏利基金	三星	270022	广发基金	三星
288002	华夏基金	三星	519678	银河基金	三星	580005	东吴基金	三星
519015	海富通基金	三星	000522	华润元大基金	三星	560006	益民基金	三星
161606	融通基金	三星	660005	农银汇理基金	三星	210001	金鹰基金	三星
217009	招商基金	三星	165516	中信保诚基金	三星	620001	金元顺安基金	三星
410001	华富基金	三星	070099	嘉实基金	三星	530012	建信基金	三星
290008	泰信基金	三星	163804	中银基金	三星	110012	易方达基金	三星
580001	东吴基金	三星	320001	诺安基金	三星	161605	融通基金	三星
510081	长盛基金	三星	519039	长盛基金	二星	000793	工银瑞信基金	二星
110002	易方达基金	三星	080007	长盛基金	二星	161611	融通基金	二星
000436	易方达基金	三星	360010	光大保德信基金	二星	519005	海富通基金	二星
000120	中银基金	二星	160314	华夏基金	二星	000354	长盛基金	二星
519676	银河基金	二星	000668	国寿安保基金	二星	070027	嘉实基金	二星
320021	诺安基金	二星	550018	中信保诚基金	二星	217010	招商基金	二星
690002	民生加银基金	二星	166003	中欧基金	二星	360016	光大保德信基金	二星
519660	银河基金	二星	000839	上投摩根基金	二星	519993	长信基金	二星
000007	鹏华基金	二星	620009	金元顺安基金	二星	000124	华宝基金	二星
660009	农银汇理基金	二星	400030	东方基金	二星	050009	博时基金	二星
162201	泰达宏利基金	二星	000561	南方基金	二星	519727	交银施罗德基金	二星
400001	东方基金	二星	000280	博时基金	二星	580008	东吴基金	二星
000336	农银汇理基金	二星	206015	鹏华基金	二星	161810	银华基金	二星
620002	金元顺安基金	二星	519718	交银施罗德基金	二星	519987	长信基金	二星
000433	安信基金	二星	000174	汇添富基金	二星	163409	兴全基金	二星
253010	国联安基金	二星	000388	泰达宏利基金	二星	519026	海富通基金	二星
630015	华商基金	二星	519061	海富通基金	二星	320003	诺安基金	二星
000689	前海开源基金	二星	000395	汇添富基金	二星	163803	中银基金	二星

续表

代码	基金公司	3年评级	代码	基金公司	3年评级	代码	基金公司	3年评级
000534	长盛基金	二星	000147	易方达基金	二星	460005	华泰柏瑞基金	二星
000679	招商基金	二星	217003	招商基金	二星	163818	中银基金	二星
373010	上投摩根基金	二星	000050	长盛基金	二星	530001	建信基金	二星
000743	红塔红土	二星	550006	中信保诚基金	二星	160603	鹏华基金	二星
630008	华商基金	二星	540005	汇丰晋信基金	二星	121008	国投瑞银基金	二星
000667	工银瑞信基金	二星	000421	华泰柏瑞基金	二星	162209	泰达宏利基金	二星
000530	招商基金	二星	040019	华安基金	二星	519918	华夏基金	二星
450010	国海富兰克林基金	二星	290007	泰信基金	二星	000220	富国基金	二星
519093	新华基金	二星	165311	建信基金	二星	410003	华富基金	二星
400003	东方基金	二星	610003	信达澳银基金	二星	200010	长城基金	二星
590001	中邮基金	二星	485105	工银瑞信基金	二星	610005	信达澳银基金	二星
213003	宝盈基金	二星	000207	建信基金	二星	610007	信达澳银基金	二星
519983	长信基金	二星	000355	南方基金	二星	090018	大成基金	二星
240009	华宝基金	二星	164808	工银瑞信基金	二星	470006	汇添富基金	二星
240004	华宝基金	二星	090002	大成基金	二星	580006	东吴基金	二星
320005	诺安基金	二星	160617	鹏华基金	二星	121003	国投瑞银基金	二星
050010	博时基金	二星	370021	上投摩根基金	二星	519110	浦银安盛基金	二星
040007	华安基金	二星	161505	银河基金	二星	000242	景顺长城基金	二星
688888	浙商基金	二星	050016	博时基金	二星	160812	长盛基金	二星
270005	广发基金	二星	080009	长盛基金	二星	000698	宝盈基金	二星
560002	益民基金	二星	470058	汇添富基金	二星	519113	浦银安盛基金	二星
360012	光大保德信基金	二星	710301	富安达基金	二星	070002	嘉实基金	二星
162212	泰达宏利基金	二星	675011	西部利得基金	二星	000609	华商基金	二星
070021	嘉实基金	二星	163816	中银基金	二星	519120	浦银安盛基金	二星
070017	嘉实基金	二星	050023	博时基金	二星	519087	新华基金	二星
000550	广发基金	二星	202105	南方基金	二星	400023	东方基金	二星
233015	摩根士丹利华鑫基金	二星	720002	财通基金	二星	000663	国投瑞银基金	二星
050004	博时基金	二星	519111	浦银安盛基金	二星	590006	中邮基金	二星
202019	南方基金	二星	100051	富国基金	二星	000574	宝盈基金	二星

续表

代码	基金公司	3年评级	代码	基金公司	3年评级	代码	基金公司	3年评级
163822	中银基金	二星	519683	交银施罗德基金	二星	040004	华安基金	二星
700005	平安大华基金	二星	160718	嘉实基金	二星	700003	平安大华基金	二星
050008	博时基金	二星	320008	诺安基金	二星	000523	国投瑞银基金	二星
000646	华润元大基金	二星	630007	华商基金	二星	000398	华富基金	二星
070010	嘉实基金	二星	000803	工银瑞信基金	二星	217002	招商基金	二星
233007	摩根士丹利华鑫基金	二星	050011	博时基金	二星	200011	长城基金	二星
290014	泰信基金	二星	180029	银华基金	二星	410006	华富基金	二星
090011	大成基金	二星	400027	东方基金	二星	213006	宝盈基金	二星
481006	工银瑞信基金	二星	340006	兴全基金	二星	340001	兴全基金	二星
000695	大成基金	二星	000432	中银基金	二星	000524	上投摩根基金	二星
000696	汇添富基金	二星	310328	申万菱信基金	二星	540010	汇丰晋信基金	二星
206012	鹏华基金	二星	519995	长信基金	二星	000780	鹏华基金	二星
540007	汇丰晋信基金	二星	630010	华商基金	二星	160106	南方基金	二星
000591	中银基金	二星	630002	华商基金	二星	519908	华夏基金	二星
110029	易方达基金	二星	360005	光大保德信基金	二星	000021	华夏基金	二星
240017	华宝基金	二星	000585	嘉实基金	二星	050026	博时基金	二星
202009	南方基金	二星	166801	浙商基金	二星	400011	东方基金	二星
229002	泰达宏利基金	二星	240002	华宝基金	二星	165313	建信基金	二星
163415	兴全基金	二星	690011	民生加银基金	二星	240010	华宝基金	二星
610004	信达澳银基金	二星	000538	诺安基金	二星	070006	嘉实基金	二星
519021	国泰基金	二星	400022	东方基金	二星	671010	西部利得基金	二星
519097	新华基金	二星	000706	中邮基金	二星	270021	广发基金	二星
673010	西部利得基金	二星	000654	华商基金	一星	000402	工银瑞信基金	一星
000063	长盛基金	二星	000690	前海开源基金	一星	000889	上投摩根基金	一星
000264	博时基金	二星	610008	信达澳银基金	一星	000104	华宸未来基金	一星
121002	国投瑞银基金	二星	582001	东吴基金	一星	000080	天治基金	一星
750001	安信基金	二星	519519	华泰柏瑞基金	一星	000053	鹏华基金	一星
162211	泰达宏利基金	二星	310518	申万菱信基金	一星	270043	广发基金	一星
166019	中欧基金	二星	000536	前海开源基金	一星	000471	富国基金	一星

续表

代码	基金公司	3年评级	代码	基金公司	3年评级	代码	基金公司	3年评级
002011	华夏基金	二星	253030	国联安基金	一星	080012	长盛基金	一星
360011	光大保德信基金	二星	240018	华宝基金	一星	560003	益民基金	一星
162205	泰达宏利基金	二星	160513	博时基金	一星	240008	华宝基金	一星
162102	金鹰基金	二星	000298	中海基金	一星	160611	鹏华基金	一星
519150	新华基金	二星	202108	南方基金	一星	398041	中海基金	一星
253020	国联安基金	一星	210004	金鹰基金	一星	163503	天治基金	一星
485107	工银瑞信基金	一星	320016	诺安基金	一星	320007	诺安基金	一星
590002	中邮基金	一星	257070	国联安基金	一星	213008	宝盈基金	一星
233009	摩根士丹利华鑫基金	一星	160512	博时基金	一星	519698	交银施罗德基金	一星
000263	工银瑞信基金	一星	481010	工银瑞信基金	一星	481004	工银瑞信基金	一星
519013	海富通基金	一星	161616	融通基金	一星	000061	华夏基金	一星
040001	华安基金	一星	630011	华商基金	一星	180020	银华基金	一星
050001	博时基金	一星	620004	金元顺安基金	一星	519126	浦银安盛基金	一星
630005	华商基金	一星	000800	华商基金	一星	519007	海富通基金	一星
000788	前海开源基金	一星	000794	宝盈基金	一星	090017	大成基金	一星
290002	泰信基金	一星	050201	博时基金	一星	000003	中海基金	一星
000067	民生加银基金	一星	050019	博时基金	一星			
370025	上投摩根基金	一星	040022	华安基金	一星			

表2　　证监会公布的2017年证券公司分类结果

公司名称	级别	公司名称	级别	公司名称	级别
爱建证券	CC	国泰君安	AA	申万宏源	AA
安信证券	A	国信证券	A	世纪证券	BB
北京高华	A	国元证券	A	首创证券	B
渤海证券	A	海际证券	BBB	太平洋	A
财达证券	BBB	海通证券	AA	天风证券	A
财富证券	BB	恒泰证券	CCC	万和证券	BB
财通证券	A	红塔证券	A	万联证券	BBB
长城国瑞	BB	宏信证券	CCC	网信证券	B

续表

公司名称	级别	公司名称	级别	公司名称	级别
长城证券	BBB	华安证券	A	五矿证券	BB
长江证券	A	华宝证券	BBB	西部证券	BBB
川财证券	B	华创证券	BB	西南证券	C
大通证券	BBB	华福证券	A	湘财证券	BBB
大同证券	BB	华金证券	CCC	新时代	CC
德邦证券	BB	华菁证券	B	信达证券	CC
第一创业	BBB	华林证券	A	兴业证券	BBB
东北证券	BBB	华龙证券	BBB	银河证券	AA
东方财富	BBB	华融证券	AA	银泰证券	BBB
东方证券	A	华泰证券	AA	英大证券	BBB
东海证券	A	华西证券	A	招商证券	AA
东莞证券	A	华鑫证券	BBB	浙商证券	A
东吴证券	A	华信证券	BB	中航证券	BB
东兴证券	BBB	江海证券	BBB	中金公司	AA
方正证券	C	金元证券	BBB	中山证券	BBB
光大证券	A	九州证券	B	中泰证券	A
广发证券	AA	开源证券	BB	中天证券	BBB
广州证券	A	联储证券	BBB	中投证券	CCC
国都证券	BBB	联讯证券	B	中信建投	AA
国海证券	B	民生证券	A	中信证券	AA
国金证券	A	南京证券	A	中银国际	A
国开证券	A	平安证券	A	中邮证券	BBB
国联证券	BBB	瑞银证券	BBB	中原证券	A
国融证券	BB	山西证券	B		
国盛证券	BBB	申港证券	BBB		

注：分为 A（AAA、AA、A）、B（BBB、BB、B）、C（CCC、CC、C）、D、E 等 5 大类 11 个级别。

参考文献

［1］Morck R.，Shleifer A.，Vishny R. W. Management ownership and market valuation：An empirical analysis［J］. Journal of Financial Economics，1988，20（1）：293－315.

［2］李秉祥，曹红，薛思珊．我国上市公司经理管理防御程度的量化研究［J］．上海立信会计学院学报，2007，22（1）：76－81.

［3］黄国良．管理防御、资本结构与公司业绩研究［D］．中国矿业大学，2012.

［4］郝艳，李秉祥．基于信号传递模型的企业投资短视与敲竹杠长期投资行为分析［J］．管理工程学报，2010（3）：19－23.

［5］李秉祥，张明，武晓春．经理管理防御对现金股利支付影响的实证研究［J］．中国财经政法大学学报，2007（6）：134－144.

［6］Shleifer A.，Vishny R. W. Large shareholders and corporate control［J］. The Journal of Political Economy，1986，94：461－488.

［7］韩晴．独立董事责任险、机构投资者与公司治理［J］．南开管理评论，2014，17（5）：54－62.

［8］吴先聪．政府干预、机构持股与公司业绩［J］．管理评论，2012，24（10）：97－105.

［9］李增福，林盛天，连玉君．国有控股、机构投资者与真实活动的盈余管理［J］．管理工程学报，2013，27（3）：35－44.

［10］David P.，Kochhar R. Barriers to effective corporate governance by institutional investors：Implications for theory and practice［J］. European

Management Journal, 1996, 14 (5): 457 -466.

[11] Elyasiani E., Jia J. Y. Distribution of institutional ownership and corporate firm performance [J]. Journal of Banking and Finance, 2010, 34 (3): 606 -620.

[12] Black B. S. Agents watching agents: the promise of institutional investor voice [J]. Social Science Electronic Publishing, 1992, 39 (4): 811 -893.

[13] 钱峻峰，蒲勇健．管理者一员工纵向信任行为分析——基于序贯互惠“囚徒困境”博弈模型 [J]．预测，2011，30 (2): 46 -50.

[14] Rabin M. Incorporating fairness into game theory and economics [J]. American Economic Review, 1993, 83 (5): 1281 -1302.

[15] 张同建，蒲勇健．互惠性偏好、隐性知识转化与技术创新能力的相关性研究——基于研发型团队的数据检验 [J]．管理评论，2010，22 (10): 100 -106.

[16] 魏光兴，蒲勇健．互惠动机与激励：实验证据及其启示 [J]．科技管理研究，2007，27 (3): 254 -258.

[17] 李双燕，万迪昉，史亚蓉．互惠的激励作用研究：经验证据及启示 [J]．管理工程学报，2009，23 (2): 152 -156.

[18] 师伟，蒲勇健．基于不同信息条件下的动态互惠效应研究 [J]．系统工程学报，2013，28 (2): 168 -179.

[19] Coyle -Shapiro J. A., Conway N. Exchange relationship: examining psychological contracts and perceived organizational support [J]. Journal of Applied Psychology, 2005, 90 (4): 774 -781.

[20] Fischbacher U., Gachter S., Fehr E. Are people conditionally cooperative? Evidence from a public goods experiment [J]. Economics Letters, 2001, 71 (3): 269 -404.

[21] Wu J. B., Hom P. W., Tetrick L. E. The norm of reciprocity: Scale development and validation in the Chinese context [J]. Management and Organization Review, 2006, 2 (3): 377 -402.

[22] Wilkinson G. S, Shank C. C. Rutting -fight mortality among musk

oxen on Banks Island, North - west Territories, Canada [J]. Animal Behavior, 1977, 24 (4): 756 -758.

[23] Axelrod R., Hamilton W. D. The evolution of cooperation [J]. Science, 1981, 211 (4489): 1390 -1396.

[24] Geanakoplos J., Pearce D., Stacchetti E. Psychological games and sequential rationality [J]. Games and Economic Behavior, 1989, 1 (1): 60 -79.

[25] Fehr E., Kirchsteiger G., Riedl A. Does fairness prevent market clearing? An experimental investigation [J]. Quarterly Journal of Economics, 1993, 108 (2): 437 -460.

[26] Berg J., Dickhaut J., Mccabe K. Trust, reciprocity, and social history [J]. Experimental Economics, 2000, 3 (1): 81 -100.

[27] Thaler R. H. Anomalies: The ultimatum game [J]. Journal of Economic Perspectives, 1988, 2 (4): 195 -206.

[28] Güth W., Schmittberger R., Schwarze B. An experimental analysis of ultimatum bargaining [J]. Journal of Economic Behavior and Organization, 1982, 3 (4): 367 -388.

[29] Dawes R. M., Thaler R. H. Anomalies: Cooperation [J]. Journal of Economic Perspectives, 1988, 2 (3): 187 -197.

[30] Fehr E., Kirchsteiger G., Riedl A. Gift exchange and reciprocity in competitive experimental markets [J]. European Economic Review, 1998, 42 (1): 1 -34.

[31] Fehr E., Schmidt K. M. A theory of fairness, competition and cooperation [J]. Quarterly Journal of Economic, 1999, 114 (4): 817 -868.

[32] Bolton G. E., Ockenfels A. A theory of equity, reciprocity, and competition [J]. American Economic Review, 2000, 90 (1): 166 -193.

[33] Dufwenberg M., Kirchsteiger G. A theory of sequential reciprocity [J]. Games and Economic Behavior, 2004, 47 (2): 268 -298.

[34] Dhaene G., Bouckaert J. Sequential reciprocity in two - player,

two - stage games: An experimental analysis [J]. Games and Economic Behavior, 2010, 70 (2): 289 - 303.

[35] Chan K. W., Li S. Y. Understanding consumer - to - consumer interactions in virtual communities: The salience of reciprocity [J]. Journal of Business Research, 2010, 63 (9): 1033 - 1040.

[36] Trivers R. L. The evolution of reciprocal altruism [J]. Quarterly Review of Biology, 1971, 46 (1): 35 - 57.

[37] 刘军. 一般化互惠: 测量、动力及方法论意涵 [J]. 社会学研究, 2007, (1): 99 - 113.

[38] Sahlins M. Stone age economics [M]. New York: Aldine de Gruyter, 1972: 193 - 194.

[39] Marco G. D., Immordino G. Partnership, reciprocity and team design [J]. Research in Economics, 2013, 67 (1): 39 - 58.

[40] Cheng L. W. Guanxi vs. relationship marketing: Exploring underlying differences [J]. Industrial Marketing Management, 2007, 36 (1): 81 - 86.

[41] 李秉祥, 李越, 姚冰湜. 机构投资者互惠行为与企业非效率投资关系研究 [J]. 预测, 2015, 34 (3): 40 - 45.

[42] Fehr E., Gachter S., Kirchsteiger G. Reciprocity as a contract enforcement device: experimental evidence [J]. Econometrica, 1997, 65 (4): 833 - 860.

[43] 谭庆美, 陈欣, 张娜, 董小芳. 管理层权力、外部治理机制与过度投资 [J]. 管理科学, 2015, 28 (4): 59 - 70.

[44] Jang D., Patel A., Dufwenberg M. Agreements with reciprocity: Co - financing and MOUs [J]. Games and Economic Behavior, 2018, 111 (6): 85 - 99.

[45] 牛建波, 李胜楠, 杨育龙. 董晨悄. 高管薪酬差距、治理模式和企业创新 [J]. 管理科学, 2019, 32 (2): 77 - 93.

[46] 蒲勇健. 建立在行为经济学理论基础上的委托代理模型: 物质效用与动机公平的替代 [J]. 经济学季刊, 2007a, 7 (1): 297 - 318.

[47] 蒲勇健. 植入“公平博弈”的委托代理模型——来自行为经济学的一个贡献 [J]. 当代财经，2007b，(3)：5 - 11.

[48] 郭心毅，蒲勇健，陈斌. 代理人存在非理性心理的委托——代理模型 [J]. 山西财经大学学报，2008，30 (12)：6 - 12.

[49] Siemens F. A. V. Intention - based reciprocity and the hidden costs of control [J]. Journal of Economic Behavior and Organization, 2013, 92 (2): 55 - 65.

[50] Krügel J. P., Traub S. Reciprocity and resistance to change: An experimental study [J]. Journal of Economic Behavior & Organization, 2018, 147: 95 - 114.

[51] Dickson A., Fongoni M. Asymmetric reference - dependent reciprocity, downward wage rigidity, and the employment contract [J]. Journal of Economic Behavior and Organization, 2019, 163: 409 - 429.

[52] 万迪昉，罗进辉，赵建锋. 管理者可信行为与员工努力水平：基于两阶段的序贯互惠博弈模型分析 [J]. 系统工程，2009，7 (1)：101 - 106.

[53] Niu X., Li B., Niu X. The effect of fairness preference on managerial entrenchment: An experimental analysis [J]. Nankai Business Review International, 2015, 6 (3): 312 - 334.

[54] 钟美瑞，刘晴，黄健柏. 基于互惠动机公平均衡的投资项目决策模型及数值模拟分析 [J]. 运筹与管理，2017，26 (12)：31 - 39.

[55] 李越，李秉祥. 双重代理关系下大股东与经理动态互惠激励效应研究 [J]. 系统工程学报，2017，32 (5)：710 - 720.

[56] 张洪恩，王覃刚. 强互惠理论的扩展 [J]. 中国工业经济，2007，(3)：70 - 78.

[57] 罗小黔，万迪昉，黄湛冰. 行为经济学中的互惠理论在文化构建中的应用 [J]. 软科学，2009，23 (2)：30 - 33.

[58] 蒲勇健，郭心毅，陈斌. 基于公平偏好理论激励机制研究 [J]. 预测，2010，29 (3)：6 - 11.

[59] 韩姣杰，周国华，李延来，蔡屹．基于互惠偏好的多主体参与项目团队合作行为 [J]．系统管理学报，2012，21 (1)：111 - 119.

[60] Rabin M. Psychology and economics [J]. Journal of Economics Literature, 1998, (1): 11 - 46.

[61] Cox A. C., Friedman D., Gjerstad S. A tractable model of reciprocity and fairness [J]. Games and Economics Behavior, 2007, 59 (1): 17 - 45.

[62] Biel P. R. Inequity aversion and team incentives [J]. The Scandinavian Journal of Economics, 2008, 110 (2): 297 - 320.

[63] 林昭文，张同建，蒲勇健．基于互惠动机的个体间隐性知识转移研究 [J]．科研管理，2008，29 (4)：28 - 33.

[64] 李训．公平偏好下的团队效率研究 [J]．管理工程学报，2009，23 (2)：145 - 147.

[65] 刘敬伟，张同建，林昭文．互惠性环境下研发型团队技术创新能力形成的经验性研究 [J]．科学学研究，2009，27 (7)：1093 - 1100.

[66] 梁学成，万迪昉．基于服务外包的企业间互惠合作创新模式研究 [J]．中国软科学，2007，(1)：151 - 155.

[67] 董维维，庄贵军．营销渠道中人际关系到跨组织合作关系：人情的调节作用 [J]．预测，2013，32 (1)：17 - 22.

[68] Berle A. A., Means G. C. The modern corporation and private property (revised edition) [M]. New York: Harcourt, Brace and World Inc., 1932.

[69] Jensen M. C., Meckling W. H. Theory of firm: Managerial behavior, agency cost and ownership structure [J]. Journal of Financial Economics, 1976, 3 (4): 305 - 360.

[70] Grossman S., Hart O. The costs and benefits of ownership: A theory of vertical and lateral integration [J]. Journal of Political Economy, 1986, 94 (4): 691 - 719.

[71] Hart O., Moore J. Property rights and nature of the firm [J]. Journal of Political Economy, 1990, 98 (6): 1119 - 1158.

[72] Stulz. R. M. Managerial discretion and optional financing policies

[J]. Journal of Financial Economics, 1990, 26 (1): 3 -27.

[73] Jensen M. C., Murphy K. J. Performance pay and top manager incentives [J]. Journal of Political Economy, 1990, 98 (2): 225 -264.

[74] Fama E. F., Jensen M. C. Agency problems and residual claims [J]. Journal of Law and Economics, 1983, 26 (2): 327 -349.

[75] McConnell J., Servaes H. Additional evidence on equity ownership and corporate value [J]. Journal of Financial Economics, 1990, 27 (2): 596 -612.

[76] Cho M. H. Ownership structure, investment and the corporate value: An empirical analysis [J]. Journal of Financial Economics, 1998, 47 (1): 103 -121.

[77] Demsetz H., Villalonga B. Ownership structure and corporate performance [J]. Journal of Corporate Finance, 2001, 7 (3): 209 -233.

[78] Cui H. N., Mak T. Y. The relationship between managerial ownership and firm performance in high R&D firms [J]. Journal of Financial Economics, 2002, 8 (4): 313 -336.

[79] Farinha J. Dividend policy, corporate governance and the managerial entrenchment hypothesis: An empirical analysis [J]. Journal of Business Finance and Accounting, 2003, 30 (9): 1173 -1210.

[80] 韩亮亮，李凯，宋力．高管持股与企业价值——基于利益趋同效应与壕沟防守效应的经验研究 [J]. 南开管理评论，2006，18 (4): 35 -41.

[81] Berger P. G., Ofek E., Yermack D. L. Managerial entrenchment and capital structure decisions [J]. Journal of Finance, 1997, 52 (4): 1411 -1438.

[82] Weir C., Jones P. Director entrenchment and the take -over process: Some UK evidence [J]. Journal of Applied Management Studies (UK), 1999, 8 (2): 133 -144.

[83] 李秉祥，王妍斐．经理管理防御对公司债权人与股东利益的影

响［J］. 系统工程，2008，26（4）：117 - 120.

［84］Gilson S. C. Management turnover and financial distress［J］. Journal of Financial Economics，1989，25（2）：241 - 262.

［85］Jung K.，Kim Y. C.，Stulz R. Timing，investment opportunities，managerial discretion，and the security issue decision［J］. Journal of Financial Economics，1996，42（2）：159 - 186.

［86］Chan C.，Victor W.，Wu C. Managerial entrenchment and financing decision［J］. Journal of Management and Systems，1998，（1）：41 - 62.

［87］Jong A. D.，Veld C. An empirical analysis of incremental capital structure decisions under managerial entrenchment［J］. Journal of Banking and Finance，2001，25（10）：1857 - 1895.

［88］张海龙，姚冰湜．经理管理防御对公司资本结构调整速度的非对称性影响研究——来自我国制造业上市公司的经验证据［J］. 管理评论，2014，26（9）：149 - 159.

［89］Dann L. Y.，Deanglo H. Standstill agreements，privately negotiated stock repurchases，and the market for corporate control［J］. Journal of Financial Economics，1983，11（1）：257 - 300.

［90］Scordis N. A.，Pritchett S. T. Policyholder dividend policy and the costs of managerial discretion［J］. Journal of Risk & Insurance，1998，65（2）：319 - 330.

［91］刘星，魏锋，戴玉光．经理管理防御下的公司股利政策研究［J］. 中国会计评论，2004（2）：363 - 376.

［92］Brav A.，Graham J. R.，Harvey C. R.，Michael R. Payout policy in the 21st century［J］. Journal of Financial Economics，2005，77（3）：483 - 527.

［93］Chen S.，Sun Z.，Tang S.，Wu D. Government intervention and stakes in a command economy：Evidence from China［J］. Journal of Corporate Finance，2011，17（2）：259 - 271.

［94］刘怀珍，欧阳令南．经理私人利益与过度投资［J］. 系统工程

理论与实践，2004，24（10）：44－48.

［95］张海龙，李秉祥．经理管理防御对企业过度投资行为影响的实证研究——来自我国制造业上市公司的经验证据［J］．管理评论，2010，22（7）：82－89.

［96］Lundstrum L. Corporate investment myopia：A horserace of the theories［J］. Journal of Corporate Finance，2002，8（4）：353－371.

［97］袁春生，杨淑娥．经理管理防御与企业非效率投资［J］．经济问题，2006，（6）：40－42.

［98］李秉祥，薛思珊．基于经理人管理防御的企业投资短视行为分析［J］．系统工程理论与实践，2008，28（11）：55－61.

［99］李秉祥，郝艳．基于管理防御的企业投资短视行为的实验研究［J］．预测，2009，28（6）：7－12.

［100］李秉祥，吴建祥．管理防御视角下经理人长短期项目选择的可分离均衡［J］．系统工程理论与实践，2015，35（4）：939－944.

［101］Anderson R. C. Pay for performance and firm diversification［J］. Financial Management，2000，（29）：5－22.

［102］Denis D. J.，Sarin A. Agency problems，equity ownership and corporate diversification［J］. Journal of Finance，1997，52（1）：135－160.

［103］Dyck A.，Zingales L. Private benefits of control：An international comparison［J］. Journal of Finance，2004，59（2）：537－600.

［104］Andrew A. C.，Zimmerman J. L. Efficient and opportunistic choices of accounting procedures：Corporate control contests［J］. Accounting Review，1994，69（4）：539－566.

［105］Astami E. W.，Tower G. Accounting－policy choice and firm characteristics in the Asia pacific region：An international empirical test of costly contracting theory［J］. The International Journal of Accounting，2006，41（1）：1－21.

［106］Meo F. D.，Lara J. M. G.，Surroca J. A. Managerial entrenchment and earnings management［J］. Journal of Accounting and Public Policy，2017，

36 (5): 399 -414.

[107] 王福胜，程富．管理防御视角下的 CFO 背景特征与会计政策选择——来自资产减值计提的经验证据 [J]. 会计研究，2014，(12)：32 -38.

[108] 何威风．高管团队垂直对特征与企业盈余管理行为研究 [J]. 南开管理评论，2015，18 (1)：141 -151.

[109] 张娟，黄志忠．高管报酬、机会主义盈余管理和审计费用——基于盈余管理异质性的视角 [J]. 南开管理评论，2014，17 (3)：74 -83.

[110] 高芳．公司治理、管理者代理问题与财务重述研究 [J]. 南开管理评论，2016，19 (3)：168 -177.

[111] Scharfstein D. The disciplinary role of takeovers [J]. Review of Economic Studies, 1988, 55 (2): 185 -199.

[112] Harris M., Raviv A. Corporate control contests and capital structure [J]. Journal of Financial Economics, 1988, 20 (20): 55 -86.

[113] Zwiebel J. Dynamic capital structure under managerial entrenchment [J]. The American Economic Review, 1996, 86 (5): 1197 -1215.

[114] Amihud Y., Lev B. Risk reduction as a managerial motive for conglomerate mergers [J]. Bell Journal of Economics, 1981, 12 (2): 605 -622.

[115] Andrea L. E., Rampini A. A. Managerial incentives, capital reallocation, and the business cycle [J]. Journal of Financial Economics, 2008, 87 (1): 177 -199.

[116] Lambert R. A., Larcker D. F., Verrecchia R. E. Portfolio considerations in valuing executive compensation [J]. Journal of Accounting Research, 1991, 29 (1): 129 -149.

[117] 白建军，李秉祥．货币薪酬结构对经理管理防御行为影响的实验研究 [J]. 中国软科学，2012，(10)：88 -103.

[118] 陈霞，马连福，丁振松．国企分类治理、政府控制与高管薪酬激励——基于中国上市公司的实证研究 [J]. 管理评论，2017，29 (3)：147 -156.

[119] 翟淑萍，毕晓方．高管持股、政府资助与高新技术企业研发投

资——兼议股权结构的治理效应［J］. 科学学研究，2016，34（9）：1371－1380.

［120］Bebchuk L. A.，Fried J. M. Executive compensation as an agency problem［J］. Social Science Electronic Publishing，2003，17（3）：71－92.

［121］Demsetz H. The structure of ownership and the theory of the firm［J］. Journal of Law and Economics，1983，26（2）：375－390.

［122］步丹璐，王晓艳．政府补助、软约束与薪酬差距［J］. 南开管理评论，2014，17（2）：23－33.

［123］支晓强，孙健，王永妍，王柏平．高管权力、行业竞争对股权激励方案模仿行为的影响［J］. 中国软科学，2014，（4）：111－125.

［124］雷霆，周嘉南 股权激励、高管内部薪酬差距与权益资本成本［J］. 管理科学，2014，27（6）：12－26.

［125］方政，徐向艺，陆淑婧．上市公司高管显性激励治理效应研究——基于"双向治理"研究视角的经验证据［J］. 南开管理评论，2017，20（2）：122－132.

［126］Desai H.，Hogan C. E.，Wilkins M. S. The reputational penalty for aggressive accounting：Earnings restatements and management turnover［J］. Accounting Review，2006，81（1）：83－112.

［127］李秉祥，李越，白建军．经理人市场声誉对管理防御影响的研究［J］. 西安理工大学学报，2014，30（1）：113－118.

［128］孔峰，张微．基于双重声誉的国企经理长期激励最优组合研究［J］. 中国管理科学，2014，22（9）：133－140.

［129］Gibbons R.，Murphy K. J. Optimal incentive contracts in the presence of career concerns：Theory and evidence［J］. The Journal of Political Economic，1992，100（3）：468－505.

［130］郝艳，李秉祥．对防范管理防御的职业生涯管理对策的思考［J］. 软科学，2009，（6）：73－77.

［131］张兆国，刘亚伟，亓小林．管理者背景特征、晋升激励与过度投资研究［J］. 南开管理评论，2013，16（4）：32－42.

[132] 晏艳阳，金鹏. 公平偏好下的多任务目标与国企高管薪酬激励[J]. 中国管理科学，2014，22 (7)：82-93.

[133] 王放，李哲，董小红. 职业生涯关注激励与高管在职消费的替代关系研究 [J]. 管理科学，2015，28 (4)：23-35.

[134] Kaplan S. N.，Minton B. A. Appointments of outsiders to Japanese boards：Determinants and implications for managers [J]. Journal of Financial Economics，1994，36 (2)：225-258.

[135] Westphal J. D.，Bednar M. K. The pacification of institutional investors [J]. Administrative Science Quarterly，2008，53 (1)：29-72.

[136] 舒谦，陈治亚. 治理结构、研发投入与公司绩效——基于中国制造型上市公司数据的研究 [J]. 预测，2014，33 (3)：45-50.

[137] 潘红波，韩芳芳. 纵向兼任高管、产权性质与会计信息质量[J]. 会计研究，2016，(7)：19-26.

[138] Lin Y. R.，Fu X. M. Does institutional ownership influence firm performance? Evidence from China [J]. International Review of Economics & Finance，2017，(49)：17-57.

[139] 陈小林，孔东民. 机构投资者信息搜寻、公开信息透明度与私有信息套利 [J]. 南开管理评论，2012，15 (1)：113-122.

[140] Kochhar R.，David P. Institutional investors and firm innovation：A test of competing hypothesis [J]. Strategic Management Journal，1996，17 (1)：73-84.

[141] 唐松莲，林圣越，高亮亮. 机构投资者持股情景、自由现金与投资效率 [J]. 管理评论，2015，27 (1)：24-35.

[142] Short H.，Zhang H.，Keasey K. The link between dividend policy and institutional ownership [J]. Journal of Corporate Finanee，2002，8 (2)：105-122.

[143] 孙光国，刘爽，赵健宇. 大股东控制、机构投资者持股与盈余管理 [J]. 南开管理评论，2015，18 (5)：75-84.

[144] Kahn，C.，Winton A. Ownership structure，speculation，and

shareholder intervention [J]. The Journal of Finance, 1998, 53 (1): 99-129.

[145] Admati A., Pfleiderer P. C. The "Wall Street Walk" and shareholder activism: Exit as a form of voice [J]. Review of Financial Studies, 2009, 22 (7): 2245-2485.

[146] Erenburg G., Smith J. K., Smith R. Which institutional investors matter for firm survival and performance? [J]. North American Journal of Economics and Finance, 2016, (37): 348-373.

[147] Helwege J., Intintoli V. J., Zhang A. Voting with their feet or activism? Institutional investors' impact on CEO turnover [J]. Journal of Corporate Finance, 2012, 18 (1): 22-37.

[148] 高敬忠，周晓苏，王英允．机构投资者持股对信息披露的治理作用研究——以管理层盈余预告为例 [J]. 南开管理评论，2011，14 (5): 129-140.

[149] 伊志宏，李艳丽．机构投资者的公司治理角色：一个文献综述 [J]. 管理评论，2013，25 (5): 60-71.

[150] Woidtke T. Agents watching agents Evidence form pension fund ownership and firm value [J]. Journal of Financial Economics, 2002, 63 (1): 99-131.

[151] 李胜楠，刘一璇，陈靖涵．基金在中国上市公司中发挥治理作用了吗——基于影响高管非自愿变更与业绩之间敏感性的分析 [J]. 南开管理评论，2015，18 (2): 4-14.

[152] Weisbach M. S. Outside directors and CEO turnover [J]. Journal of Financial Economics, 1988, 20 (88): 431-460.

[153] 周建，罗肖依，张双鹏．公司内部治理能阻止财务多元化战略吗 [J]. 南开管理评论，2017，20 (1): 4-15.

[154] 李敏娜，王铁男．董事网络、高管薪酬激励与公司成长性 [J]. 中国软科学，2014，(4): 138-148.

[155] Giroud X., Mueller H. M. Corporate governance, product market

competition, and equity prices [J]. The Journal of Finance, 2011, 66 (2): 563 -600.

[156] 曹裕. 产品市场竞争、控股股东倾向和公司现金股利政策 [J]. 中国管理科学, 2014, 22 (3): 141 -148.

[157] 郭泽光, 敖小波, 吴秋生. 内部治理、内部控制与债务契约治理——基于A股上市公司的经验证据 [J]. 南开管理评论, 2015, 18 (1): 45 -51.

[158] Drucker P. F. The unseen revolution: How pension fund socialism came to America [M]. London: Heinemann, 1976.

[159] 周正庆. 证券市场在推进改革和经济建设中规范发展 [J]. 中国金融, 1999, (10): 6 -10.

[160] 李维安, 李滨. 机构投资者介入公司治理效果的实证研究 [J]. 南开管理评论, 2008, 11 (1): 4 -14.

[161] 汪忠, 曾德明, 龙森. 机构投资者优化企业资本结构选择研究 [J]. 南开管理评论, 2006, 9 (1): 28 -32.

[162] Pound J. Proxy contest and the efficiency of shareholder oversight [J]. Journal of Financial Economics, 1988, (20): 237 -265.

[163] Agrawal A., Knoeber C. R. Firm performance and mechanisms to control agency problems between managers and shareholders [J]. Journal of Financial and Quantitative Analysis, 1996, 31 (3): 377 -397.

[164] Duggal R., Millar J. A. Institutional ownership and firm performance: The case of bidder returns [J]. Journal of Corporate Finance, 1999, 5 (2): 103 -117.

[165] Parrino R., Sias R. W., Starks L. T. Voting with their feet: institutional ownership changes around forced CEO turnover [J]. Journal of Financial Economics, 2003, 68 (1): 3 -46.

[166] Chung R., Firth M., Kim J. B. Institutional monitoring and opportunistic earnings management [J]. Journal of Corporate Finance, 2002, 8 (1): 29 -48.

[167] Agrawal A., Jaffe J. F., Mandelker G. N. The postmerger performance of acquiring firm: A reexamination of an anomaly [J]. Journal of Finance, 1992, (4): 1605 - 1921.

[168] Bertrand M., Mullainathan S. Agents with and without principals [J]. American Economic Review, 2000, 90 (2): 203 - 208.

[169] Hartzell J., Starks L. Institutional investors and executive compensation [J]. Journal of Finance, 2001, 58 (6): 2351 - 2374.

[170] Shleifer A., Vishny R. W. A survey of corporate governance [J]. The Journal of Finance, 1997, 2 (11): 753 - 754.

[171] Roberts G., Yuan L. Does institutional ownership affect the cost of bank borrowing? [J]. Journal of Economics and Business, 2010, 62 (6): 604 - 626.

[172] Grier P., Zychowicz E. J. Institutional investors, corporate discipline, and the role of debt [J]. Journal of Economics and Business, 1994, 46 (1): 1 - 11.

[173] Eckbo B. E., Verna S. Managerial share ownership, voting power and cash dividend policy [J]. Journal of Corporate Finance, 1994, (1): 33 - 62.

[174] Wahal S. Public pension fund activism and firm performance [J]. Journal of Financial and Quantitative Analysis, 1996, 31 (1): 1 - 23.

[175] Ferreira M., Matos P. The colors of investors' money: The role of institutional investors around the world [J]. Journal of Financial Economics, 2008, (88): 499 - 533.

[176] 王琨，肖星．机构投资者持股与关联方占用的实证研究 [J]．南开管理评，2005，8 (2)：27 - 33.

[177] 王永海，王铁林，李青原．机构投资者参与公司治理积极性的分析 [J]．南开管理评论，2007，10 (1)：4 - 7.

[178] 李争光，赵西卜，曹丰，刘向强．机构投资者异质性与会计稳健性——来自中国上市公司的经验证据 [J]．南开管理评论，2015，18 (3)：111 - 121.

[179] 侯剑平，张霞，李媛媛．机构投资者、两权分离与公司资本结构——基于动态内生性视角的经验研究 [J]．预测，2016，35（3）：50－55.

[180] 吴晓晖，姜彦福．机构投资者影响下独立董事治理效率变化研究 [J]．中国工业经济，2006，(5)：105－111.

[181] 陆瑶，朱玉杰，胡晓元．机构投资者持股与上市公司违规行为的实证研究 [J]．南开管理评论，2012，15（1）：13－23.

[182] 罗付岩．机构投资者异质性、投资期限与公司盈余管理 [J]．管理评论，2015，27（3）：174－184.

[183] 李争光，曹丰，赵西卜，董竞宇．机构投资者异质性、会计稳健性与股权融资成本——来自中国上市公司的经验证据 [J]．管理评论，2016，28（7）：42－52.

[184] 谭劲松，林雨晨．机构投资者对信息披露的治理效应——基于机构调研行为的证据 [J]．南开管理评论，2016，19（5）：115－126.

[185] 王珏，祝继高．基金参与公司治理：行为逻辑与路径选择——基于上海家化和格力电器的案例研究 [J]．中国工业经济，2015，（5）：135－147.

[186] 袁蓉丽，肖泽忠，邹宏．金融机构投资者的持股和公司业绩基于股东积极主义的视角 [J]．中国软科学，2010，(11)：110－122.

[187] 孔东民，王江元．机构投资者信息竞争与股价崩盘风险 [J]．南开管理评论，2016，19（5）：127－138.

[188] 宋建波，高升好，关馨姣．机构投资者持股能提高上市公司盈余持续性吗？——基于中国 A 股上市公司的经验证据 [J]．中国软科学，2012，(2)：128－138.

[189] 潘越，戴亦一，魏诗琪．机构投资者与上市公司“合谋”了吗：基于高管非自愿变更与继任选择事件的分析 [J]．南开管理评论，2011，14（2）：69－81.

[190] Cable D. M.，Shane S. A prisoner's dilemma approach to entrepreneur－venture capitalist relationships [J]．Academy of Management Review，1997，22（1）：142－176.

［191］Porta R. L.，LoPez－De－Silanes F.，Shleifer A.，Vishny R. W. Trust in large organizations［J］. American Economic Review，1997，87（2）：333－338.

［192］Sparrowe R. T.，Liden R. C. Process and structure in leader member exchange［J］. Academy of Management Review，1997，22（2）：522－552.

［193］Smith A. The wealth of nations［M］. New York：The Modem Library，1776.

［194］Williamson O. Markets and hierarchies［M］. New York：The Free Press，1975.

［195］阮青松，狄瑶．中国企业经理人是自利和理性的吗？——一个实验经济学研究［J］．上海管理科学，2008，30（1）：47－50.

［196］Atkinson J.，Birch D. An introduction to motivation［M］. New York：Van Nostrand，1964.

［197］Gillan S. L.，Starks L. T. Corporate governance，corporate ownership，and the role of institutional investors：A global perspective［J］. Social Science Electronic Publishing，2003，13（2）：4－22.

［198］Hanse G. S.，Hill C. W. L. Are institutional investors myopic? A timeseries study of four technology driven industries［J］. Strategic Management Journal，1991，12（1）：1－16.

［199］Harford J.，Kecskés A.，Mansi S. Do long－term investors improve corporate decision making?［J］. Journal of Corporate Finance，2017.

［200］许绍双，田昆儒．机构投资者公司治理角色的识别：一个基于持股比例的博弈分析［J］．南开管理评论，2011，12（5）：65－69.

［201］Boone A. L.，White J. T. The effect of institutional ownership on firm transparency and information production［J］. Journal of Financial Economics，2015，117（3）：508－533.

［202］Kanagaretnam K.，Mestelman S.，Nainar S. M. K.，Shehata M. Trust and reciprocity with transparency and repeated interactions［J］. Journal of Business Research，2010，63（3）：241－247.

[203] Schoorman F. D., Mayer R. C., Davis J. H. An integrative model of organizational trust: Past, present, and future [J]. Academy of Management Review, 2007, 32 (2): 344 - 354.

[204] Villena V. H., Revilla E., Choi T. Y. The dark side of buyer - supplier relationships: A social capital perspective [J]. Journal of Operations Management, 2011, 29 (6): 561 - 576.

[205] Mavondo F. T., Rodrigo E. M. The effect of relationship dimensions on interpersonal and inter - organizational commitment in organizations conducting business between Australia and China [J]. Journal of Business Research, 2001, 52 (2): 111 - 121.

[206] Winter E. Transparency and incentives among peers [J]. Rand Journal of Economics, 2010, 41 (3): 504 - 523.

[207] Church B., Gaa J. C., Shehata M. M. Experimental evidence relating to the person - situation inter - actionist model of ethical decision making [J]. Social Science Electronic Publishing, 2005, 15 (3): 363 - 383.

[208] Steiger E. M., Zultan R. See no evil: Information chains and reciprocity [J]. Journal of Public Economics, 2014, (109): 1 - 12.

[209] Cox J. C., Deck C. A. Assigning intentions when actions are unobservable: the impact of trembling in the trust game [J]. Southern Economic Journal, 2006, 73 (2): 307 - 314.

[210] Appel I. R., Gormley T. A., Keim D. B. Passive investors, not passive owners [J]. Journal of Financial Economics, 2016, Forthcoming.

[211] Jiang W., Li K., Wang W. Hedge funds and chapter 11 [J]. The Journal of Finance, 2012, 67 (2): 513 - 560.

[212] Starks L. Institutional investors, corporate ownership, and corporate governance: Global perspectives [J]. Palgrave Macmillan UK, 2003.

[213] McCahery J. A., Sautner Z., Starks L. Behind the scenes: The corporate governance preferences of institutional investors [J]. Journal of Finance, 2016, 71 (6): 205 - 232.

[214] Edmans A. Blockholder trading, market efficiency, and managerial myopia [J]. Journal of Finance, 2009, 64 (6): 2481 -2513.

[215] Myers S., Majluf N. S. Corporate financing and investment decisions when firms have information that investors do not have [J]. Journal of Financial Economics, 1984, 13 (2): 187 -221.

[216] 杨宝，袁天荣．机构投资者介入、代理问题与公司分红 [J]．山西财经大学学报，2014，36 (6)：90 -101.

[217] Carleton W. T., Nelson J. M., Weisbach M. S. The influence of institutions on corporate governance through private negotiations: Evidence from TIAACREF [J]. Journal of Finance, 53 (4): 1335 -1362.

[218] Dimmock S., Gerken W. C., Ivković Z., Weisbenner S. J. Capital gains lockin and governance choices [J]. Financial Economics (forthcoming), 2016.

[219] Maug E. Large shareholders as monitors: is there a trade - off between liquidity and control? [J]. Finance, 1998, 53 (1): 65 -98.

[220] Noe T. H. Investor activism and financial market structure [J]. Review of Financial Studies, 2001, 15 (1): 289 -318.

[221] Bennedsen M., Wolfonsen D. The balance of power in closely held corporations [J]. Financial. Economics, 2000, (58): 113 -139.

[222] Edmans A., Manso G. Governance through trading and intervention: A theory of multiple blockholders [J]. Review of Financial Studies, 2011, 24 (7): 2395 -2428.

[223] Neubaum D. O., Zahra S. A. Institutional ownership and corporate social performance: the moderating effect of investment horizon, activism and coordination [J]. Journal of Management, 2006, 32 (1): 108 -131.

[224] Hambrick D. C., Finkelstein S. Managerial discretion: A bridge between polar views of organizational outcomes [J]. Research in Organizational Behavior, 1987, 9 (4): 369 -406.

[225] 周其仁．控制权回报与企业家控制的企业 [J]．经济研究，

1997，(5)：31 -42.

[226] 冉茂盛，李文洲．终极控制人的两权分离债务融资与资金侵占——基于家族上市公司的样本分析 [J]. 管理评论，2015，27 (6)：197 -208.

[227] 李旎，郑国坚．市值管理动机下的控股股东股权质押融资与利益侵占 [J]. 会计研究，2015，(5)：42 -49.

[228] 顾乃康，邓剑兰，陈辉．控制大股东侵占与企业投融资决策研究 [J]. 管理科学，2015，28 (5)：54 -66.

[229] 熊伟，陈浪南，朱杰．股权结构与信息透明度相关性的实证研究 [J]. 系统工程学报，2015，30 (3)：344 -353.

[230] 吴育辉，吴世农．股权集中、机构投资者投机与管理层自利行为 [J]. 管理科学学报，2011，14 (8)：34 -44.

[231] 彭丁．大股东控制、机构投资者治理与公司绩效——基于深交所上市公司的经验证据 [J]. 宏观经济研究，2011，(7)：50 -55.

[232] 杨兴全，吴昊旻．成长性、代理冲突与公司财务政策 [J]. 会计研究，2011，(8)：40 -45.

[233] 伊志宏，李艳丽，高伟．市场化进程、机构投资者与薪酬激励 [J]. 经济理论与经济管理，2011，(10)：75 -84.

[234] Nowak M. A. Five rules for evolution of cooperation [J]. Science, 2006, 314 (12): 1560 -1563.

[235] Graham J. R., Harvey C. R., Rajgopal S. The economic implications of corporate financial reporting [J]. Journal of Accounting & Economics, 2004, 40 (1): 3 -73.

[236] Cronqvist H., Fahlenbrach R. Large shareholders and corporate policies [J]. Review of Financial Studies, 2009, 22 (10): 3941 -3976.

[237] Bhattacharya P. S., Graham M. A. On institutional ownership and firm performance: A disaggregated view [J]. Journal of Multinational Financial Management, 2009, 19 (5): 370 -394.

[238] Pearce C. L., Manz C. The importance of self and shared leadership in

knowledge work [J]. Organizational Dynamics, 2005, 34 (2): 130 - 140.

[239] Johnson S., Porta R. L., Lopez - De - Silanes F. Tunneling [J]. American Economic Review, 2000, 90 (2): 22 - 27.

[240] Fazzari S., Hubbard R. G., Petersen B. C. Financing constraints and corporate investment [J]. Brookings Papers on Economic Activity, 1988, 19 (1): 141 - 206.

[241] Vogt S. C. The cash flow/investment relationship: Evidence from U. S. manufacturing firms [J]. Financial Management, 1994, 23 (2): 3 - 20.

[242] Richardson S. Overinvestment of free cash flow [J]. Review of Accounting Studies, 2006, 11 (2/3): 159 - 189.

[243] 辛清泉，林斌，王彦超．政府控制、经理薪酬与资本投资[J]．经济研究，2007，(8)：110 - 122.

[244] 刘志远，靳光辉．投资者情绪与公司投资效率[J]．管理评论，2013，(5)：82 - 91.

[245] 冯慧群，马连福．董事会特征、CEO权力与现金股利政策——基于中国上市公司的实证研究[J]．管理评论，2013，25 (11)：123 - 132.

[246] Sylwester K., Roberts G. Reputation - based partner choice is an effective alternative to indirect reciprocity in solving social dilemmas [J]. Evolution and Human Behavior, 2013, 34 (3): 201 - 206.

[247] 邓德强，温素彬，潘琳娜，刘昊天．内部控制质量、机构投资者异质性与持股决策：基于自选择模型的实证研究[J]．管理评论，2014，26 (10)：76 - 89.

[248] 肖淑芳，喻梦颖．股权激励与股利分配——来自中国上市公司的经验证据[J]．会计研究，2012，(8)：49 - 57.

[249] 徐寿福，徐龙炳．现金股利政策、代理成本与公司绩效[J]．管理科学，2015，28 (1)：96 - 110.

[250] Grullon G., Michaely R., Swaminathan B. Are dividend changes a sign of firm maturity? [J]. Social Science Electronic Publishing, 2002, 75 (3): 387 - 424.

[251] Grinstein Y., Michaely R. Institutional holding and payout policy [J]. Journal of Finance, 2005, 60 (3): 1389 – 1426.

[252] Firth M., Gao J., Shen J., Zhang Y. Institutional stock ownership and firms'cash dividend policies: Evidence from China [J]. Journal of Banking & Finance, 2016, (65): 91 – 107.

[253] Jensen M. Agency costs of free cash flow, corporate finance, and the market for takeovers [J]. American Economic Review, 1986, 76 (2): 323 – 329.

[254] Ng L., Wang Q., Zaiats N. Firm performance and mutual fund voting [J]. Journal of Banking & Finance, 2009, 33 (12): 2207 – 2217.

[255] 陈其安，方彩霞. 高管人员过度自信对股利分配决策的影响：来自中国上市公司的经验证据 [J]. 中国管理科学，2013，21 (11)：227 – 230.

[256] 严太华，龚春霞. 行为金融视角下我国上市公司现金股利政策解释 [J]. 管理工程学报，2013，27 (3)：164 – 172.

[257] Fama E. F., French K. R. Disappearing dividends: Changing firm characteristics or lower propensity to pay? [J]. Journal of Financial Economics, 2001, 60 (1): 3 – 43.

[258] Bona – Sánchez C., García – Meca E., Pérez – Alemán J. Earnings informativeness and institutional investors on boards [J]. Revista de Contabilidad – Spanish Accounting Review, 2018, 21 (1): 73 – 81.

[259] Jensen M. C. The modern industrial revolution, exit, and the failure of internal control systems [J]. Journal of Finance, 1993, 48 (3): 831 – 880.

[260] Granovetter M. S. The strength of weak ties [J]. American Journal of Sociology, 1973, 78 (6): 1360 – 1380.

[261] Güner A. B., Malmendier U., Tate G. Financial expertise of directors [J]. Journal of Financial Economics, 2008, 88 (2): 323 – 354.

[262] 张海燕，陈晓. 从现金红利看第一大股东对高级管理层的监督 [J]. 南开管理评论，2008，11 (2)：15 – 21.